實　用

知　識

寶鼎出版

實 用

知 識

寶鼎出版

從世界戰爭史中
學習20種生存投資策略

股市
生存法則

戰爭史專家 ✕ 財經YouTuber

林容漢 임용한 ｜ **全寅求** 전인구—著

張雅婷—譯

주식 생존의 법칙

세계 전쟁사에서 배우는 **20가지** 생존 투자전략

contents

第 **1** 部　**像戰略家一樣投資**

第2部　轉危的致勝法寶

序

需要堅強思維與聰明智慧的時間

「從無數的戰爭歷史中,我們看到一個個時代終結,迎來嶄新的時代。這都是多虧戰爭英雄們縝密又細膩的策略與戰術。那些優秀的策略與戰術,出人意料之外,直搗敵方的黃龍,大膽程度超越生死宛如賭博。名將們綜合以上這些特點,培養出驚人的智慧與能力。這些在戰爭中使用過的策略與戰術,小則應用在個人生活中,大可用於企業經營、國家經濟上。在我們生活中處處發揮它的影響力。」

這段話出自「卓越的戰爭史專家」林容漢博士。如果將世界各地戰爭英雄優秀的策略戰術應用在股市投資上,能為我們帶來什麼幫助呢?這就是為什麼我們從2022年1月開始在YouTube頻道《全寅求經濟研究所》中,邀請林容漢博士來分享「戰爭與股市」這個主題的原因。「戰爭與股市嗎?」第一次聽到這個組合,觀眾們的反應非常熱烈。「林容漢博士跟《全寅求經濟研究所》合作,也太強了吧。」觀眾紛紛給出好評,影片點閱率也達到20萬人次以上。

守護我的股票，需要用到的生存策略

策劃這個主題是為事先準備好面對即將到來的「生存時間」。2021年中，在韓國輿論中有二種意見僵持不下，一方人馬表示「馬上」就要開始調漲利率，另一方則表示只是在「炒作時機」。當時韓國綜合股價指數（KOSPI）仍高達3,000點，流動性依舊很充沛。許多投資者對新興科技股和快速飆長的股票有興趣，希望能獲取可觀的投資收益。但我們反而策劃教投資者如何以「生存」為目的的內容，原因是為了即將到來的不確定性。我們希望能在市場面臨動盪之際為投資者提供生存指引，而非簡單的獲利建議。這反映了我們對市場形勢的深入洞察和責任心。

讓我們回顧一下過去四年的經濟狀況。2018年美中展開貿易爭端引發經濟衰退的憂慮，美國聯準會緊急降息。此後隨著經濟漸漸好轉，美國政府本擬進行貨幣緊縮政策，但遇到2020年爆發新冠疫情，造成市場巨大衝擊。聯準會不僅無法收回市場的資金，還被迫要釋放更多現金進到市場增加流動性。這些極度寬鬆的貨幣政策，就像打了止痛藥的運動員，短期內可能緩解問題，等藥效過去問題就逐漸浮現。從2021年起通貨膨脹開始加速，2022年初聯準會鷹派跟鴿派對於要不要升息，雙方的意見僵持不下。

我們意識到以長期來看全球經濟形勢的嚴峻性，為了即將

到來的危機，我們希望向投資者傳達的不是有關「獲利」而是「生存」的資訊。果然，當我們上傳有關《韓戰中的高地戰：真正的逆向投資並非如此》影片後，隔天聯準會就宣布要升息，股市陷入陰霾。但是問題不只有升息，俄羅斯入侵烏克蘭導致雪上加霜。因為這座供給全世界的穀倉，供應出現問題。農產品價格開始上漲，與此同時油價也不斷飆升。全世界碳中和環保政策推行，石油業減少原油生產卻在調控過程中失誤。因為流動性泡沫導致大宗商品價格攀升。這些不確定因素接連發生，原本一片大好的2021年股市氣氛隨之急劇轉冷，跌入熊市陰霾。

用「獅子之心與狐狸之智」武裝自己

　　一如既往，當不確定的變數出現時，股價就會急速下跌。慌張的投資者想要回收資金，但是時間往往太短暫。在這種情況下，放棄投資並承受損失並非最好的策略。反而，這正是投資者應該仔細審視當前情況，並深思接下來該如何行動的最佳時機。這正是為了維護自己的股票，為了生存而擬定戰略的時刻。

　　從歷史上來看，股票市場總是充滿危機。班傑明‧葛拉漢被稱為「投資者的導師」，經歷過第一次世界大戰、第二次世界大戰和經濟大蕭條等一次又一次的經濟危機。連被譽為最偉大的投

資者華倫‧巴菲特，也沒有逃過2000年網路泡沫與2008年的金融危機衝擊。甚至麥哲倫基金的彼得‧林區也說，市場每二年就會遇到一次危機。

如此看來，對於投資者來說危機就是日常。在這個過程中，投資者能做的不僅僅是選擇止損或承擔損失。越是遇到這種危機，投資者更應該深入探索自己，反思自己的投資目的。這個問題的答案，正是從「為什麼要投資」開始的。

確實，世界上存在著各式各樣的投資，而股票投資被認為是一種「有風險的投資」，因為投資本金無法得到保障。如果你只是單純不想損失本金，那就可以選擇存款或是定存。但如果想要獲得高收益而選擇投資股票，就必須承擔相對應的風險。投資股票的核心不僅是買賣操作，更是在危機情況下如何堅持下去。市場變化彷彿就是雲霄飛車一樣起起落落，還有長時間的熊市，要能在不停重複的危機下生存。

正如義大利偉大思想家馬基維利在《君主論》中指出，一位君主須具備二種重要美德：「獅子般的勇氣與狐狸般的智慧」。擁有這二項品德的人，才能夠在危機中扭轉局面，化危機為機遇。投資者的生存策略也近似於此，面對不確定因素導致的股市急跌，他們同樣需要擁有「堅韌不拔的心志」和「客觀分析、精準判斷的智慧」。也就是說，在危機時刻，比起預測能力，更重要的是應對能力，而這種「應對」的關鍵正在於擁有「獅子般的

心性和狐狸般的智慧」。

「我為什麼要戰爭」、「我為什麼要投資」
不要忘記大原則

　　人們常常將股市比喻成戰場，因為二者都充滿了無法預知的不確定性。在戰爭中，會將不確定性比喻成「戰爭迷霧」，就是無論準備得多充分，只要戰爭一開始，戰場就會被這樣的「迷霧」所籠罩。這層迷霧會越來越濃，使得雙方都難以分辨敵我。即使是偉大的將軍，也無法完全避免在這樣的迷霧中做出非理性的判斷或陷入恐懼。這層「戰爭迷霧」會使得軍火和兵力失去效用，即使實力處於優勢，也無法確保勝利。最終決定勝負的，是能否接受這種不確定性，並在此基礎上找到生存的策略。那麼，歷史上著名的戰爭英雄是如何克服這種困境的呢？從古代的羅馬英雄凱撒與曹操，還有19世紀的拿破崙，再到現代的隆美爾（Erwin Johannes Eugen Rommel，1891～1944年）、巴頓（George S. Patton，1885～1945年），這些世界名將是如何在「迷霧」重重的環境中取得勝利的呢？

　　這本書介紹在不確定性中取得勝利之偉大名將的生存策略，並為投資者提供度過經濟危機的洞見和智慧。其核心有二大要

點：第一，名將們冷靜沉著的祕訣。在充滿殺戮、縱火、欺詐和掠奪的地獄般環境中，保持平靜是最重要的武器。為此，名將們會反覆思考「我為什麼要打這場戰爭？」的目的，克服內心的誘惑，學會控制自己，應對焦慮和恐懼，戰勝悲觀並鼓舞士氣。對投資者來說，最大的敵人並非外部變數而是內心的不安。名將們安撫內心的方法，可以幫助陷入「四面楚歌」的投資者提供突破危機的一線生機，為他們建立堅實的後盾。

另一個重點是，名將們冷靜的判斷力和戰略。有人曾經說：「摧毀大壩是一個小洞口」。名將們藉由冷靜分析，找出敵人的弱點和小漏洞，並積極利用它們來取得勝利。像諾曼第登陸、突出部之役、蓋茨堡戰役與赤壁之戰等不利局勢最終扭轉的案例，都展現名將們的生存策略。這些策略為投資者提供關鍵的見解，幫助他們將危機轉化為機遇。

目前困擾我們的通貨膨脹是否會長期持續，誰也無法預測。但資本市場的未來並非那麼黯淡，資本主義市場最終走向上升，歷史已經證明了這一點。以人工智慧與環保技術為代表的第四次工業革命，為我們帶來嶄新的市場與未來。我衷心希望讀者可以從本書中獲得堅韌的心智與聰明智慧。累積越多經驗，我們的選擇就越明智。希望各位還可以從戰爭史中學到另一個珍貴的經驗，就是戰爭跟投資在賭上生命這一點上非常類似：每當搖擺不定時，請不要忘記「我為什麼要投資」這個根本原則！

第 **1** 部

像戰略家一樣投資

態度

誰是戰略家？

投資者的態度

戰略家必須能克服情感的誘惑，保持分析事務的思考方式，才能創造出有效的策略，同樣適用於投資者。為什麼投資者要一直重複「在肩膀時購入，在膝蓋時售出」這種愚蠢的做法呢？讓我們來探討投資者在追求勝利戰略時應該保持的態度。

在戰場上，常常會發生二種情況：無法預料的突發事件，以及難以理解的奇怪事情。所謂突發事件是像指揮官突然心臟病發昏厥，或是因為日蝕或月蝕，導致動搖士兵士氣（在過去的戰爭中，日月蝕會造成嚴重的恐慌）。這類人無法預料、控制的情況。

而所謂難以理解的奇怪事件，則是回想起來難以用常識理解的情況。例如，指揮官會重複前一天相同的攻擊行動。韓戰期間，美軍面對共軍的人海戰術，既害怕也安心的原因，就是他們連續二、三天在同樣的時間、地點進行攻擊。在戰爭史上，這種難以解釋的現象屢見不鮮。在俄烏戰爭中，也有新聞報導俄軍曾對喬諾巴耶夫卡機場進行多達10次相同的攻擊。

當人們聽到這樣的故事時，就會對打仗產生浪漫與自信。「這樣是不是連我都能成為出色的指揮官？」、「如果我去參戰，一定能成為一個優秀的軍人！」然而，事實並非如此。會做出這種令人無法理解決定的指揮官才是正常的。在充滿極度緊張與恐懼的戰場，一旦失誤一次就再也無法彌補，逼得他們要在瞬間做出極端選擇。假設有二名士兵被困在峽谷中，相互掩護每次只前進五步。在山頂上的敵軍狙擊手能很快就視破他們的模式並準確射擊嗎？事實上，他們即使有這種想法，也很難真正執行。在辦公桌前，人人都可以成為像諸葛亮一般的謀士，但在戰場上，卻只能重複面對生命威脅與任務重壓帶來的作用與反作用。

如果不想成為在戰鬥洪流中載浮載沉的士兵，唯一的方法

就是成為真正的「戰略家」。戰場上的諸葛亮，並非能夠呼風喚雨、或看穿敵人的意圖，而是在洶湧激流中仍能理性思考，不被恐懼所擊垮，能大膽決斷並付諸行動的人。這就是我不斷告誡軍人和投資者，要「成為戰略家」的理由與目的之所在。

哈佛商學院辛西亞・蒙哥馬利教授的代表作《大策略家》（ *The Strategist* ）中提到企業管理者不能只追求經營業績，而應成為真正的戰略家。這意味著放棄經營業績嗎？並非如此。我的意思是，為了同時達成業績且持續提升，必須在瞬息萬變的經濟環境中應對變化和衝擊，避免業績急劇下滑。此時，需要的不再是那種只會重複同樣方法的指揮官，而是能夠在現場創造出最有效達成目標的方法並付諸行動的指揮官。

雖然我有讀過蒙哥馬利教授的書，也有聽過她的課，但是我一開始並無法理解她的觀點。這並不是說我沒有理解她的論點本身。畢竟，參加她授課的學員多是來自全球頂尖企業的企業家，如果這只是一些他們早已瞭解的常識，他們勢必會感到非常不屑。然而，蒙哥馬利教授堅定地闡述了這一觀點——即使是那些來自知名公司的高階主管，其中真正的戰略家卻是鳳毛麟角，這番話是正確的。戰爭史不全是充斥著一次次機械式的衝鋒陷陣、血肉之軀撞向機槍陣地的慘叫。

這就是你要成為戰略家的理由所在。

那麼指揮官們為什麼缺乏分析性思考的原因？

要成為戰略家，需要具備第一個關鍵特質就是要有分析性的思考。歷史學家們稱1863年蓋茨堡之役是美國南北戰爭（1861～1865年）中最殘酷的戰鬥，也是讓北軍獲得勝利的契機。讓我們到那場戰爭的現場看看。在次日戰事中，北軍的第20志願步兵團一整天死守在小圓頂的高地，這個地方是北軍防線的尾端。如果這裡被攻破，北軍的側翼將會崩潰，南軍將能掃蕩北軍的防線。

主力部隊全力守護防線，他們明白高地的重要性。南軍也清楚制高點的重要性，所以也殊死進攻。一天即將結束，主力部隊只要再抵禦一波攻擊就可以了，但部隊的防線被縮小，連彈藥都快耗盡。在別無選擇的情況下，步兵團長張伯倫上校（Lawrence J. Chamberlain，1828～1914年），下令以刺刀衝鋒。「今天敵人足足登上高地三次，他們的體力比我們消耗的更多，我們從上往下攻擊，這對我們有利。」為了能像瀑布一樣直衝敵營，上校選擇縱隊形式而不是橫隊衝鋒。

張伯倫的冒險，最終獲得了成功。這一幕也是1993年電影《蓋茨堡之役》的高潮片段。

親自來到這場戰役的現場，真的會感到非常驚訝。在廣闊的蓋茨堡之役戰場上，這條山脊對南北軍來說，剛開始都是一個極為不起眼的區域。這意味著，從進攻的南軍立場而言，他們有很

多機會可以採取靈活的戰術選擇。

　　但為什麼他們沒有這麼做呢？許多指揮官能策劃、演練以及訓練戰術，也會累積實戰經驗，但是他們卻無法進行分析性思考。許多指揮官認為回顧戰爭並總結勝負因素就是在做分析，他們會重複回顧戰爭，整理勝利與失敗的原因並記下來。但是，背誦經驗並不等同於分析，所謂分析不是單純整理勝利的原因，而是仔細研究那些能成為勝利因素的環境和條件。比起不斷分析跟檢視這些條件，這些指揮官只記下表面上的因素，所以才會在完全不同的情況下，重複做出愚蠢的攻擊。懂得進行創意性的應用和運用，這些都是戰略家所應具備的。

　　如果想成為戰略家，就要不停地進行分析。這樣才能在陷入動盪不安時思考仍能清晰運轉。在任何情況下都保持沉著冷靜的指揮官，並不是心境堅定的指揮官，而是擁有活躍分析思考的指揮官。

陷入情感誘惑的沙達特

　　戰略家必備的第二個素質是能夠戰勝情感誘惑。戰略家需要面對無數個需要做決定的時刻，此時，優秀的戰略家可以拋開熟悉的誘惑，勇於挑戰新事物。在現代戰爭史中，以色列與阿拉伯聯軍的

六日戰爭，被列為最戲劇性的戰爭之一。至少在大眾眼裡是這麼認為的，但對於同時經歷過1967年六日戰爭與1973年10月贖罪日戰爭（Yom Kippu）的以色列軍官而言，他們也許會認為贖罪日戰爭比六日戰爭更具戲劇性。事實上也是如此，贖罪日戰爭是由埃及與敘利亞組成的阿拉伯聯軍，在以色列最盛大的節日贖罪日期間發起的戰爭。

贖罪日戰爭有二個戲劇性的轉折點。其中一個是，開戰初期，所有人都沒有想到埃及會宣戰。他們一舉擊破以色列耗鉅資在蘇伊士運河東岸建立的巴列夫防線，隔天甚至將以色列引以為傲的空軍與裝甲部隊近乎殲滅。這對以色列，乃至於美國與蘇聯在內的世界各國來說，埃及軍隊的驚人表現都是無法預料的。

這次埃及的成功關鍵是因為他們有一位連沙子都能啃食的指揮官。埃及的軍隊向來既無能又腐敗，人事任命更多是出於人情油水糾纏不清。自然而然，他們與前線的脫節以及與士兵的溝通問題都非常嚴重。後來新上任的埃及總統著手改革，其中最具代表性的人物是參謀總長薩阿德·沙茲利將軍（Saad el-Shazly，1922～2011年）。擔任精銳空降部隊的前司令，沙茲利是一位真正的野戰型指揮官。

雖然埃及首戰取得完美的勝利，但是以色列的實力也不容小覷。以色列從瀕臨全面潰敗的危機中振作，發動突襲性反攻，橫渡蘇伊士運河對埃及造成威脅。這是第二個重大轉折，以色列的

裝甲部隊與空降部隊越過運河，開始攻擊埃及軍方的飛彈基地。在開戰初期，這些飛彈壁壘曾阻止以色列空軍接近運河上空，但隨著這些飛彈掩護的消失，以色列重新掌握了制空權。埃及第三軍試圖將以色列軍隊再次推回運河，反而陷入被圍困的絕望處境。

沙茲利將軍預料到這種悲劇會發生，一聽到以色列軍隊已經越過蘇伊士運河，便迅速建議將駐紮在運河東岸的埃及軍隊撤離，以防守毫無防備的運河西岸地區。然而，一向很信任沙茲利的沙達特總統聽完這話卻勃然大怒。國防部長阿里（Ahmad Ismail Ali，1917～1974年）辯稱越境的以色列軍隊人數很少，而且正在頑強抵抗的埃及軍隊不應撤退，第三軍足以將這些以色列滲透部隊驅逐出去。

在沙達特眼裡，態度悲觀的沙茲利已經失去了信心，情緒也很不穩定。若當時國防部長阿里沒有表態支援過於樂觀的觀點，而是贊同沙茲利的建議，沙達特也可能會同意撤軍的決定。但是，國防部長與參謀總長提出了相互矛盾的主張，沙達特最終傾向於支持較為樂觀的一方。他馬上解職沙茲利，並任命新的參謀總長。儘管沙達特在自己回憶錄中一再堅稱自己跟阿里的判斷是正確的，但是戰爭研究人員卻同意沙茲利的觀點。

曾經取得輝煌勝利的沙達特，在最後的決策上未能克服自己的情感影響，錯失了勝利的榮耀。制定戰略時，最大的敵人就是

自己的情感。所有獨裁者最終都是自我毀滅，並非他人所致，而是因為無法克服內心的慾望和誘惑。

　　我們頭頂上有著許多果實，有些裝飾得如寶石般閃耀，有些則散發著金光，每個人都想去伸手摘取它們。但當我們要選擇其中一個時，就必須踩實腳下的現實，以冷靜的計算來決定該如何跳躍。

　　之所以用「跳躍」這個詞，是因為如果只是說要「踩實腳下」，很多人就會只低頭去撿地上掉落的果實，或者伸手去拿眼前的果實。被情感誘惑而追求不切實際的目標，確實會破壞戰略，但更多人是害怕跳躍，所以無法成為真正的戰略家。

　　制定策略，就是要挑戰一個更高的層次，或是開啟一扇從未開啟過的門。僅僅重複熟悉的行為，只是在按照手冊操作並非真正的策略，因此，策略就是一種跳躍，是經過計算的冒險。

蘇聯充滿創意的戰術

　　最後，真正的戰略家必須能創造出獨特的戰略。這聽起來很顯而易見，但正如我們先前所討論的，在實際的戰爭現場上創造戰略並非易事。1943年第二次世界大戰期間，德軍與蘇聯在烏克蘭東西部對峙。烏克蘭地區有一條從基輔流向南方注入黑海的聶

伯河，這條河形成巨大的天然邊界。而在東部主要據點盧甘斯克和頓內次克地區，也是俄烏戰爭的戰場，則是有西伯利亞頓內次河流經。

當初德軍計畫進攻到烏克蘭的白俄羅斯地區，只要一旦失敗就撤退到聶伯河，並以頓內次河作防線。從蘇聯軍的立場，若想要完全控制烏克蘭東部，就必須將德軍趕到聶伯河西岸，而為了達到這個目的就必須擊破頓內次河的防線。

德軍沿著河岸建立了堅不可摧的防禦線，剛好德軍側有幾個高地，所以更容易防守。德軍在高地上設置砲台陣地，並在可以俯瞰河流的地點布署遍布的機關槍。為了應對蘇聯軍的砲擊，德軍的砲兵和機關槍都周密的掩護起來，各個陣地之間則由隧道和壕溝連接起來。

蘇聯軍感到十分棘手。要想避開德軍的火力掩護下強行渡河，就必須快速的移動，但當時蘇聯軍甚至連架設浮橋的技術都沒有。德軍指揮官在這個情況下，預測蘇聯軍勢必會在夜間發動渡河行動。

果不其然，8月2日晚上，德軍陣地上開始遭受蘇聯軍的砲擊。這其實是蘇聯軍為掩護正在建造橋梁的工兵發動的虛假砲擊。然而，經驗豐富的德軍並未被迷惑，他們清楚聽到從河邊傳來的槌擊聲以及鋸木聲。在黑暗中，德軍向聲源展開猛烈的攻擊。結果令人驚訝，儘管蘇聯工兵遭受了慘重損失，但他們仍接

連派出第二梯隊、第三梯隊。德軍整夜傾注全部火力，最終挫敗了蘇聯軍的嘗試。

次日，蘇聯軍再次發動同樣的攻擊，德軍也用相同的方法應對。但突然，在德軍陣地前出現了蘇聯的T-34坦克，這讓德軍指揮官不禁心生疑惑。

好不容易擊退蘇聯坦克的德軍，為了解開這個謎團，馬上跑到河邊，赫然目睹了一幕驚人的景象。河面下鋪設著木板，木板下藏著蘇聯的坦克。原來，蘇聯軍先將坦克推入江中沉沒，然後將木板架在坦克上使之隱藏在水面之下，幾乎不會被德軍的探照燈發現。這就是蘇聯軍成功渡過防線，在德軍火力掩護下部署坦克的驚人手段。

創意戰術的素材

創意戰術是利用自身所擁有的資源，尋找達成目標最有效的方式。然而，德軍過分依賴自己所知的渡河範本來理解敵人的行動，反而差點遭受挫敗。這表明單純依靠固有的經驗和程式並不可靠，即使敵方具備良好的訓練、技術和資源條件，如果只是機械地依循慣性和手冊，也可能造成更大損失。組織內擁有的人員、裝備、經驗都可以成為創意戰術的素材，不應故步自封，而

要發揮團隊的創造力。許多領導者過度追求硬實力條件，忽略了創意戰術的重要性。單純擁有再好的資源，也無法自動獲勝，必須靈活變通找到最有效的勝利之道。簡而言之，創意戰術是善用現有資源，因應環境設計出最有效的作戰方式。組織要擺脫固有模式的束縛，發揮團隊創造力才能贏得勝利。

什麼投資者總是買在肩上，賣在膝下呢？
──戰略性思考的挑戰

　　就如同在戰爭中制定戰略是很困難的，投資者要在股市中制定投資策略也絕非易事。例如，有一句股票名言「在膝下買進，在肩上賣出」意思是要等待股價跌到腳尖時再買進，等到漲到頂峰時再賣出。但這種常見的建議卻很難真正落實。相反地，一般投資者往往在股價上漲時買入，在股價下跌時賣出，然後他們一直重複這種「買高賣低」的行為。為什麼會發生這種事情呢？看股價走勢圖就能知道，挑選一間優良企業，持有它的股票十年以上通常都能賺錢。但是一般投資者卻忍不住不斷買進賣出。在高點買入、在低點賣出，如此反覆，長期來看損失就會越來越大。他們會發誓以後不會再這樣做，但最終還是會重複同樣的行為。

　　讓投資者像戰略家一樣的投資股票，並不是要他們使用複雜的策略，而是要他們進行最基本的分析。我們常常看著股價圖表，便想著「價格已經觸底二次了，第三次就一定會上漲」遺憾的是，這不能算是分析，而只是一種預測。

洞悉整個市場和產業的全貌

　　那麼，如何進行準確的分析呢？第一，要必須能夠洞悉整個市場和產業。也就是要深入瞭解你投資的企業、它們所生產的產品，以及競爭對手的現狀等。以電動車為例，因為地球暖化，過去三十年地球平均溫度上升攝氏1.4度。國際社會為了防止氣溫進一步上升，在1992年通過《氣候變化綱要公約》，其核心是「碳中和」，原意降低能源產業化石燃料的使用比重來遏制氣溫上升。近來歐洲、韓國、美國、中國、日本等主要國家，全都承諾要在2050年之前實現碳中和。那麼汽車市場會變成什麼樣子？因為汽車多使用溫室氣體排放的化石燃料，所以各國都大幅支援生產電動車和氫能車的企業，提供稅收優惠和投資貸款。因此，全球汽車企業正在轉向電動車和氫能車的研發，電動車產業前景看好。但這僅僅是分析清楚市場狀況，還不能盲目進行投資。

找出黑馬

　　第二，要能找出隱藏的黑馬。電動車產業中林林總總的企業，透過激烈的競爭決定勝負。所以我們如果要讀懂整個產業

大局，我們需要深入研究全球主要電動車企業，包括每家企業的生產效率、競爭對手的出現、品牌價值、營收和利潤增長、未來新車型或服務、價格競爭力等，從中篩選出成長潛力大、未來價值高的企業進行投資。

我們以二家企業為例：那就是豐田跟特斯拉。如同各位所知，豐田是全球汽車銷量第一，也是內燃機汽車產業的龍頭企業。另一邊，特斯拉則從未生產過內燃機汽車。這二家企業在「環保」這一大趨勢下，選擇了完全不同的路。豐田全力開發同時使用燃料與電力的「混合動力車」；從未生產過內燃機汽車的特斯拉則是開始生產純電動車。時至今日，十多年後的現在，結果如何呢？我們生活的這個時代，電動車儼然已成趨勢，2021年這二家企業的表現截然不同。豐田電動車的生產量僅有1.4萬輛，而特斯拉則生產了94萬輛電動車。根據2022年3月的股價資料，這也反映這二家公司未來增長潛力和價值。豐田的市價總額為3.5兆韓元，而特斯拉則高達12兆韓元，差距達3.4倍。

想要成為一名成功的投資者，必須培養自己的眼光，能看懂整個產業大局並且選擇有未來價值的企業。

戰勝恐懼的力量來自於分析

　　讓我們再次談談「膝蓋與肩膀」。在資本主義經濟不斷發展的前提下，我們相信股票會持續走高。但即便持有十年也能獲利，為什麼我們還是會出現在肩膀買入、在膝蓋賣出的窘境？許多人會認為這是心理因素造成的。股市上不斷湧現變數，每當投資者遇到無法預測的變數出現時，就會感到恐懼而拋售股票。因此，保持冷靜是投資者必須具備的重要態度。但如果只是說「保持心理平衡很重要」是不夠的，克服恐懼的力量，不僅來自於保持平靜，同時也來自於「分析」。

　　我們以特斯拉為例，2022年3月28日，因為新冠疫情，中國政府下令封鎖上海。特斯拉上海工廠陷入無限期停工，股價應聲下跌。首先，投資者們聽到「封鎖」二字就馬上感到焦急，一想到不知道什麼時候才能恢復，即使有虧損也想要馬上把手上的股票售出。投資者這樣大規模的拋售是正確的分析嗎？還是因為無法抑制情感誘惑所以做出的誤判？以「上海工廠停工」判斷是否應該拋售特斯拉股票，需要從多角度進行分析，而不是單一面向。雖然工廠停產確實是個壞消息，但是我們需要判斷它是否是致命性的惡劣因素。當時，特斯拉其他的條件沒有變化。

　　特斯拉最厲害的武器不僅限於電動車品牌，還在於其隱藏

的生產能力。當時產業預估上海廠在2022年可以生產90萬輛車。這種生產力主要源自名為「Giga Press」的製作工法。不用像競爭對手一樣，在輸送帶上一一焊接各個車體零件，而是用一台龐大的壓鑄機打造一體成形的車身。這個技術可以大大減少需要的人力。同時，由於不需要輸送帶，也能釋放空間。因此可以用相同的人力達到更高的產量。如此一來，不僅大大降低製作成本，還能提高利潤空間。

其他公司不是沒有想過要壓鑄車身，但是真正積極採用這一理念的只有特斯拉。因此，2021年特斯拉的營業利潤率達到14.7%，高於BMW的14.5%。

因此，如果要投資特斯拉，不能只考慮上海工廠封閉這種短期變數，還必須考慮到未來增加的生產力，也就是長期變數。綜合考慮各面向的變數後，認為繼續投資是正確的決定，就應該持續持有股票。那麼當別人都在拋售時，我們就有勇氣不跟著賣。面對無法預測的變數所造成的恐懼，最終克服它的力量，就來自於縝密分析各種變數後得出自己的判斷。

不確定性

克服「戰爭迷霧」

股票市場應對危機的方法

即使再偉大的軍事指揮官或投資者，在戰場或股市上也很難完全預測未來。也就是說，我們生活在不確定性的世界中，無法完全預測未來。因此，如何應對不確定性就變得非常重要。讓我們來看看偉大的指揮官拿破崙與投資者華倫‧巴菲特、彼得‧林區是如何克服不確定性。

　　《三國志》中的諸葛亮能預測敵人會在何時何地出現及會使用什麼戰略，堪稱神一般的戰略家。人們都喜歡這種神祕而全能的軍事指揮官。有時也會將某些名將的軼事美化，描述成如神一般的指揮官。戰爭往往需要士兵犧牲生命，這種恐懼和恐慌會使人渴望獲得一位被尊稱為神的統帥。

　　戰爭就像是將一個社會中的所有資源，包括人員、體制、文明、技術、資源等全部投入熊熊燃燒的火中。即使我們能夠詳細掌握這些要素的材料和質量，但在這樣劇烈、急速的燃燒過程中，各種難以預料的因素和變數都會影響最終的結果。戰爭環境中存在著太多錯綜複雜的變數，即使是最偉大的指揮官，也很難完全預測戰場上會出現什麼樣的局面。

　　這種情況在軍事用語稱為「戰爭迷霧（fog of war）」。

　　「既然如此，預測跟事先準備還有用嗎？」有時候會有人提出這樣的懷疑。但這顯然是有用的，誰也無法預測出現的突發狀況，然而，只有準備得越充分的人和軍隊，才越有機會克服戰爭迷霧。讓我們看看以下的例子。

拿破崙人生中最精彩的戰役

　　拿破崙一生最值得炫耀、最戲劇性也最輝煌的勝利是1805年

的奧斯特里茨戰役，又稱「三皇會戰」。即便他能在1815年的滑鐵盧戰役中獲勝，我想他也不會改變這個想法。

拿破崙在這場戰役中使用了迷惑敵人的分進合擊戰術。分進合擊是先將部隊分成幾個小隊，各走不同的路線欺騙敵人，然後再集結攻擊，這是所有與他交戰的敵軍將領都無法預料和應對的戰術。而法軍高昂的士氣也讓作戰錦上添花，對總司令的信賴與氣勢、相信這不只是拿破崙個人的戰爭，而是他們共同的戰爭、部下將領保持健康和善良的品格等，這些因素共同構成這場精彩絕倫的戰役。

在戰爭初期，整體情勢都對拿破崙來說似乎非常不利。因為巴黎剛發生政變，他必須立即停戰撤軍回去應對。戰況形勢也不太樂觀，敵對的奧地利和俄羅斯聯軍人數是8萬人，而拿破崙的軍隊只有約7萬人。雖然兵力只差1萬人左右，但戰場位於現今捷克境內的廣闊平原。戰線自南向北綿延數公里，在這樣的平原上如果是使用步兵採用排列前進的線性戰鬥方式，只要占據一個師的位置，敵軍就能從沒有防守的一側或後方突破，摧毀砲兵陣地和補給倉庫。這對一向喜歡靈活機動的拿破崙來說，無疑是一個巨大的挑戰。

從聯軍的立場來看，與其倉促進攻不如慢慢追擊撤退的法軍施加壓力，等到選擇合適的地點發動決定性攻擊，這也是拿破崙最害怕的情況。

　　有危機感的拿破崙露出了猶豫、膽怯的一面，希望能主動發動攻擊。在戰鬥前夕，看拿破崙的布陣就會覺得他真的害怕，並將自己逼到絕境。他主動放棄占據在平原中心的普拉欽高地，這個雖然不算真正的高地，但由於周圍非常平坦，可以俯瞰全境。在兵力不足的狀態下，拿破崙不得不將部隊部署得很長，導致左翼扎實而右翼卻很薄弱和散亂。那裡有一些小村莊和小溪，很難密集部署兵力。

　　聯軍知道拿破崙兵力短缺，會想盡辦法以這些可憐的村莊與小溪作為掩護點。如果左翼就像一堵堅固的磚牆，而右翼則像是遍布洞孔的乳酪一樣。

　　聯軍選擇在全線投入兵力，但在中央與右翼（法軍的左翼）只需要牽制住敵人即可。決勝點集中在左翼（法軍的右翼）。聯軍的戰略是將剩餘兵力集中攻擊在兵力和陣地都較為薄弱的法軍右翼，擊潰後立即迂迴向中央發起攻擊，這是聯軍的戰術。

在戰爭中發生的意外事件

　　然而，聯軍的行動正是拿破崙所預料並有意誘導的。拿破崙手中藏有二張鐵定能夠取勝的王牌戰略。

　　第一個是普拉欽高地的突襲，1805年12月2日清晨，平原上

瀰漫著濃濃的霧氣。拿破崙利用迷霧，悄悄派遣精銳的「聖伊萊爾」與「旺代」二個精銳師，向普拉欽高地推進。迷霧一散，法軍迅速占領了高地。聯軍在轉眼之間，就失去這個全線指揮部的制高點。一旦法軍在此設定砲陣，就可以左右夾擊聯軍的兩翼，肆意轟炸。讓聯軍措手不及，卻沒有預備部隊可以投入這裡。

第二個隱藏的王牌是路易・尼古拉・達武（Louis Nicolas Davout，1770～1823年）的二個師。拿破崙從150公里外的維也納向達武發出命令，要求他們在戰鬥當天抵達戰場。達武成功達成這個任務，而太小看法軍兵力的聯軍，因為意料之外的部隊出現後，戰局立即逆轉。聯軍面臨這種「戰爭迷霧」般的不確定性，正是拿破崙所刻意設下的陷阱。

當自負的拿破崙，正沉浸在喜悅之時，意外的事件發生了。在普拉欽高地開心休息的聖伊萊爾師面前出現了新的奧地利軍。聖伊萊爾的士兵們慌張了起來，他們以為普拉欽高地就是決勝點，所以用盡全力快速奪取這個地方，也因此耗盡了體力。更嚴重的是，他們的彈藥也所剩無幾。當時一個步兵攜帶的標準彈藥量是60發。因為是從槍口裝彈的前膛槍，即使1分鐘射二發，也就意味著30分鐘內就會全部耗盡。加上戰線本來就很長，普拉欽高地的攻擊又是突襲性質，所以並未派遣隨伴的補給車隊或後勤部隊，這使得彈藥供應陷入困境。

瞬間二軍的情勢逆轉，但是奧地利軍是從哪裡出現的呢？他

們是原本部屬在普拉欽高地南部陣線的一支部隊。俄軍與奧地利軍的作戰能力並不如法軍高超，所以作戰計畫混亂也不太周密。戰術並非止於計畫要在哪個地點部屬多少兵力，更需要協調成千上萬大軍的行動，確保兵力和補給車隊不會相互干擾，可以按時按路線行進。

在《三國志》中，這種協調排程全軍的技術並未被提及，但在實戰中卻會對戰局的勝負產生關鍵影響。由於命令和部署不到位，這支奧地利軍隊迷失了方向，最終是偶然出現在普拉欽高地前。誰能想到，軍隊指揮部的無能疏忽，竟能瓦解天才的戰略計畫呢？

這就是所謂的「戰爭迷霧」。如同前面所提到，這是用來比喻不確定性的用語。雖然拿破崙可以預測到普拉欽高地的迷霧，但是他無法預測到整個戰場的迷霧。要在戰場上取勝，需要精心部署與準備，訓練有素的軍隊才有較高的勝算。然而，即便準備再充分，一旦實際交戰就會被「迷霧」的壟罩。那麼難道就沒有必要事先準備了嗎？並非如此。反而準備充分的軍隊，更有能力應對戰爭迷霧的考驗。不過，前提是這份準備必須包括對付戰爭迷霧的部署。

如何克服戰爭迷霧

那麼如何應對和克服戰場上的迷霧呢？

首先，需要有堅定的目標意識和豐富的作戰經驗。

聖伊萊爾師是由老兵與精銳士兵組成的軍隊。這些士兵從一開始就知道自己會被部屬到左右戰爭結果的戰鬥位置上。然而，當他們即將完成這個決定性的功績時，一看到奧地利軍接近，他們瞬間愣住了。但他們意識到如果撤退，這場戰爭以及拿破崙的命運也將終結。他們決定不從高地撤退而是仔細觀察敵軍的動靜，然後馬上發現接近的奧地利士兵是新兵團。他們是怎麼知道的呢？有實戰經驗的士兵，只要看行軍的樣子就能判斷出對方的戰力水準。雖然現代戰爭中，線性陣型已經沒有了，但老兵只看敵軍的火力分布，就能大致估算出他們的實力。

接著，聖伊萊爾師的老兵們預測到奧地利軍隊的恐懼，將會引起恐慌。奧地利軍是在高地已經被搶走的情況下被派出，他們一定會因首次參戰感到恐懼。這時如果法軍揮舞著閃著金光的刺刀從山坡上傾瀉而下，老練的士兵們會馬上單膝下跪，冷靜地將子彈與火藥裝填進槍管中，等法軍逼近眼前時才扣下板機。如果是這樣，聖伊萊爾的士兵可能就會全軍覆沒了。

如果是新兵與老兵均勻混合的軍隊，就會有一部分的人裝填子彈，一部分的人逃走。這時候最難做出判斷，老兵們可能看著

滿是漏洞的陣線而逃跑，也可能堅守崗位。最後，如果是新兵占絕對多數的部隊，他們會因為害怕而逃走。普拉欽高地的情況是第三種。結果，拿破崙在奧斯特里茨，贏得一生中最大的勝利。

任何偉大的統帥都無法預知某個地點會發生什麼事。但是，他們必須要能預測可能改變戰局走向的突發事件會發生在何處。培養具有可以應對突發情況的指揮官與士兵，派他們去那些關鍵位置。所謂「戰鬥直覺」並非什麼神祕的感知，而是對複雜局勢有深入理解和快速應變的能力。

戰爭是激烈而迅速的，數十種因素混雜在一起進行，不像在實驗室的實驗一樣，一個步驟一個步驟有邏輯地進行。可以比喻成好像記憶中儲存的數十種資訊，在CPU中瞬間被處理。因此，戰場上領導者做出的決斷，只能用直覺或戰鬥感覺來表達。但事實上，這是領導者的知識、經驗和洞察力的總和，透過CPU執行的結果。

第二，要成為喜愛迷霧的指揮官。

所有指揮官都希望掌握準確的狀況。他們希望一切都處於正確位置，在明確井然有序的時刻獲得清晰明確的勝利。在制定作戰計畫的階段，不應輕忽這種努力，要根據資料精確預測戰場上的各種動態，並據此制訂戰略戰術。

但是，不應該因為害怕戰場上的迷霧而設法迴避它。遺憾的是，實際上常常會出現那種情況。當砲聲響起，發生突發情況，

戰局超出控制難以預測時，指揮官就會陷入恐慌，失去判斷力從生氣到失控。然後就會拿著對講機大喊，或是催促傳令兵。「隊伍現在在哪？報告目前位置！報告現況」等。當聽到這類催促時，現場的指揮官就再也不是指揮官，而是轉播員。高層指揮官也一樣，無法做出行動決定，抓不住制勝時機，眼睜睜看著精心設計的計畫四分五裂，只能拿著破碎的計畫片段，試圖重新拼湊修補，卻無法收拾眼前崩潰的局勢。

留名青史的指揮官，正是在這種情況下沒有迴避戰場上的迷霧，而是努力尋找勝利的方法。如果最初的計畫是描圖紙，那麼現場就是地圖。優秀的指揮官會將描圖紙疊在地圖上，試圖不失去戰鬥目的和戰略方向。同時也會對比計畫和實際情況的差異，嘗試找出關鍵的重點和方法。

任何偉大的統帥都不可能永遠做出正確判斷，也無法永遠勝利，但是他們會反省並堅定自己的信念。指揮官必須冷靜評估自己的精神、智力和經驗，是否足以應對所面臨的戰鬥規模，並只接受能夠勝任的規模，同時，他們也應不斷分析和鍛鍊自己，以增強這種能力。有些人透過授予他們的軍銜、頭銜和勳章以及模擬戰中表現的資料和形式來評估自己，但這絕對是個禁忌。能夠經受和克服不確定性與混亂的精神和能力，只有自己才能真正衡量。

股市每二年就會出現一次迷霧
——無法預測的危機型態

2020年無疑是充滿不確定性的一年。新冠疫情快速蔓延導致大量死亡，而當時尚未有疫苗和療法，人們陷入恐慌。全球金融市場也不可避免地崩潰，股票歷史上從未經歷過因疫情而崩盤的情況，誰也無法預測將如何解決。

大量遭受巨大損失的投資者湧現，但誰也無法預測股市會跌到何種程度。為防堵疫情散布，企業讓員工在家工作，央行也嚇得不知所措，採取大量貨幣寬鬆措施。結果股市不僅恢復，漲幅甚至比疫情前還要高。

然而二年後，也就是2022年，因為緊急措施造成的後遺症浮現了。大量撒錢造成通貨膨脹失控，中央銀行被迫升息，導致全球股市再次暴跌。這一切的演變過程誰也無法預料。然而，疫情仍未結束，經濟持續低迷，企業和家庭破產的風險也不容忽視。這正是所謂的「戰爭迷霧」，需要克服的不確定性。

傳奇基金經紀人彼得‧林區說，股票市場平均每二年會出現一次危機。但每次危機的根源都不同。就像這次危機的主因是新冠疫情，沒有人能知道之後會因為什麼原因導致陷入危機。而這種每二年一次的「迷霧」，也讓投資者們感到茫然、

常常蒙受損失。

　　投資者的心理模式每次都一樣。股價上漲時，他們認為會永遠上漲；股價下跌時，又認為會永遠下跌。等到脫離了迷霧後，他們才意識到自己被恐慌沖昏了頭，賣出了不該賣的股票並感到後悔不已，然後深深地感嘆「當初應該不要賣的」。然而，等到下一次危機來臨，他們還是會重複同樣的行為。

林區跟巴菲特走出迷霧的方法

　　傳奇投資者面對每二年就一次的危機，也就是不確定性時，通常都如何處理呢？基本上他們跟一般投資者一樣，為什麼？因為沒有人可以預測危機什麼時候會發生。不同之處在於，他們面對危機的態度和方式。

　　讓我們來看看，十三年間創下年平均報酬率29.2%的彼得・林區的例子。投資者們絕對不會忘記1987年10月19日，因為那天紐約股市股價在一天之內暴跌22.6%。有趣的是，雖然大家都在猜測暴跌的原因，但卻沒人真正明白其中緣由。人們將這天稱為「黑色星期一」。林區也沒有逃過這場危機。但是他在經歷過黑色星期一後，學會了重要的洞察力。這場籠罩市場的迷霧到12月逐漸散去，那個月市場開始持續上漲，到第二

年6月更是上漲到了23%。當然，林區也在這期間獲得收益。

　　林區是如何走出迷霧的？很簡單：「不要因為無謂的擔憂而毀掉美好的假期。」這句話雖然有些調侃，卻值得我們深思。林區說，不要對股市危機的來來去去太過擔心，因為迷霧終將散去。真正需要注意的，是要儲備現金。但相比之下，不如把時間花在分析企業上，而不是過多關注這些。

　　巴菲特也說過類似的觀點：「不要預測危機，而要投資優質企業。」巴菲特對蘋果的愛始終如一，他在《華爾街日報》、《紐約時報》等主要報紙上，總看到關於蘋果公司危機的報導，每當蘋果股價暴跌時，他就會購入蘋果股票。他這樣說：「即便有人說蘋果公司陷入危機，但是請看周圍的人還是繼續使用iPhone。那麼這就不是危機，而是大特價，是買入的良機。」在2022年第1季，蘋果股票一跌，巴菲特就用6億美金追加購入蘋果股票。他從2016年開始購買蘋果股票，現在除了指數基金外，已經成為蘋果最大的股東。巴菲特一直堅信蘋果是一間優質企業，所以即使在危機時期，他也認為蘋果股票是在大特價，所以大量購入。

想像危機過後

當然，即使是好的企業，也可能遇到無法預測的危機而導致股價下跌。但我們應該知道，優秀的企業有能力度過這些危機。雖然我們無法預知什麼樣的危機會到來，但擁有強大的組織、行銷通路、成本管控、品牌優勢、新產品研發和充足資金的優質企業，會比其他企業更有能力存活下來。當危機來臨時，不僅是自己艱難，競爭對手也同樣艱難。競爭對手倒下後，倖存下來的企業市場占有率就會提高。危機越重複出現，競爭對手就越少，市場也會重新洗牌，新的競爭者很難進入。

所以我們應該努力培養發現優質企業的眼光，而不是過多關注於預測市場。只要投資於優秀的企業，它們自然就有能力度過危機。

我的投資筆記

投資

細膩觀察與分析的力量

何謂聰明的投資？

我們必須區分魯莽與勇氣。儘管二者都涉及風險，但是勇氣跟魯莽不同，勇氣是源自細膩的觀察與分析。因此，儘管在他人眼裡可能看起來很魯莽，但最終獲得勝利的是追求勇氣的人。這就是巴菲特在股市有風險下仍然投資的原因。

我們常常混淆匹夫之勇與勇氣，但這二者應當區分。即使在戰場上也不例外。雖然重複老套的戰術也很危險，但無法區分魯莽和深思熟慮的冒險則更加危險。在股市中，這可以舉例投機和投資來說明。

然而，無論是在戰爭還是股市中，要區分匹夫之勇與勇氣並不容易。因此，一些喜歡冷嘲熱諷的人可能僅僅看結果，這是一個非常錯誤的態度。例如，假設我們種了二棵蘋果樹，雖然從外表看起來很類似，但實際上採用完全不同的耕作方法。我們要評斷哪種方法更好、哪種更糟，就需要等看到結果才能做出評判。但是，如果評斷者對耕作方法一無所知，那麼他也只能將這二種方法的差異歸結為結果論。

在戰爭中也常常發生類似的事情，當二位指揮官都發動了無謀的衝鋒，其中一方取得成功，另一方卻被殲滅。對於不理解戰場情況和戰術原則，只會大喊口號衝鋒的人來說，他們可能會說：「二者之間有什麼不同呢？」然後想「成功的一方只是運氣比較好罷了」。

二人差異最終在於正確的情況判斷。勝者的戰術基於我方和敵方的能力、心理狀態、預測敵人的狀況和行為等因素。也就是說，是對自身處境的全面認識，並利用敵方未能預料到的弱點。

魯莽等待的代價

從華盛頓到里奇蒙的路上，有一個地方叫做菲德里克堡。它的前面有一條東西向的拉帕漢諾克河。我記得它好像寬50公尺，這條河兩岸雖有丘陵，但不影響船隻進入。只要過河到南岸，就是一個長緩的斜坡。

在南北戰爭初期，作為一支反覆受挫的北軍，他們並不認為自己是受到突如其來的打擊，而是視之為挑戰的機會。1862年下半年，北軍任命安布羅斯‧伯恩賽德將軍（Ambrose Burnside，1824～1881年）為新任統帥，並編制近12萬名的大軍再次南下進攻。與其對峙的南軍統帥是羅伯特‧愛德華‧李（Robert Edward Lee，1807～1877年）將軍，他的兵力大約是75,000人。

二軍在菲德里克堡隔河相遇。北軍率先抵達河岸，對岸的南軍人數非常少。然而，伯恩賽德忽視下屬將領提議在南軍抵達之前先迅速渡河的建議，理由是北軍部隊和渡河船隻還未全部抵達。北軍的準備尚未充分，而南軍則絲毫沒準備應對北軍。如果北軍發起渡河攻擊，雖然會有一定的犧牲，但勝算很大。然而，伯恩賽德選擇等待，在伯恩賽德等待北軍準備完全就緒時，南軍的兵力得到了完全增援。南軍在山丘上，沿著河流與之平行堆疊了一長段高牆，那是牧場防止牛群過去，特將石牆疊得跟人一樣高的典型牆壁，而南軍則在這道牆後部署了兵力。

在最糟的情況下，伯恩賽德決定從正面攻擊，這一次，他沒有聽從將軍們繞道的建議。在幾乎持續一個月的對峙後，在12月13日北軍發起渡河攻勢。前線主要分為東西二個方向，伯恩賽德將六個師推向南軍的槍口之下，每個師不是一次性進攻，而是以團為單位分別進行攻擊。對石牆後面的南軍來說，以縱隊爬上斜坡的北軍士兵簡直就是完美的標靶。

北軍共發動16次攻擊，每次都以失敗告終。甚至有一團在15分鐘內全部被殲滅。北軍死傷人數共有12,653人，其中包含1,284名陣亡者。南軍的陣亡人數是608名，但這些傷亡者並非在石牆那裡喪命，而是戰鬥初期在河岸上防守時受到北軍突襲部隊的損失。

伯恩賽德之所以採取如此魯莽的進攻，可能是出於北軍在兵力上的優勢，以及期望一次成功的進攻能消滅南軍主力並結束戰爭的期望。儘管這樣的進攻會帶來巨大的犧牲，但北軍可能抱有這樣的期望。儘管有「以血止（更多）血」的決心，但從北軍進攻的情況看來，即使多30%的兵力優勢下，他們無法克服地形上帶來的戰術劣勢。

說不定伯恩賽德有這樣的想法「戰爭史中的名將們都是在面對劣勢且險峻、所有人都說不可能的情況下，克服障礙與限制，奮力驅策下才獲勝。」這句話沒錯，然而，這些名將的勝利並非建立在「魯莽」上的勝利。而是經過深思熟慮和充分準備的勝利，只是在別人眼裡看起來魯莽罷了。

雖然看起來魯莽，其實並不魯莽的突襲

能最清楚、最貼切展現出二者差異的人是德軍名將艾爾溫·隆美爾。

1915年1月29日，隆美爾少校指揮的第9中隊在法德邊境的阿爾貢森林遇見法軍。當時法軍的壕溝被鐵絲網與堅固的防護牆包圍，然而隆美爾少校成功攻破鐵壁，占領法軍在壕溝中最堅固的地方，展現出他敏銳觀察和分析力量的威力：成功占領了敵軍防線中心。瞭解第一次世界大戰的人都知道，這樣的成功是多麼罕見且艱難的案例。在一般情況下，第一波衝鋒失敗並全軍覆沒後，才能透過第二次、第三次攻擊來取得成功或是要撤退。即使活著抵達敵軍陣地，也會因為大量犧牲造成戰鬥力枯竭。如果敵軍立即反擊，部隊往往就得放棄陣地、撤退而束手無策。

隆美爾少校是如何突破敵軍的鐵壁呢？隆美爾中隊沒有進行冒險的突襲，而是尋找敵軍的盲點，用匍匐前進的方式穿越鐵絲網，在沒有犧牲太多人的情況下占領了陣地。然而，這只是問題的開始，法軍用一個營包圍了隆美爾，隆美爾馬上放棄了法軍設置的鐵絲網與哨位，沿著法軍的方向挖壕溝，並建起半圓形的防禦線，他以此作為橋頭堡並尋找突破口。但是，由於隆美爾出人意料的占領策略，德軍沒有預先部署後續支援部隊，甚至連彈藥都沒有補給。

　　隆美爾無法放下對橋頭堡的執著，堅持到最後，但是補給跟援軍終究沒有出現。反而聽到傳令兵的聲音傳來「無法支援，請撤退！」隆美爾的部隊彈藥用盡了，十分鐘後，彈藥就會耗盡。不負責任的連長，甚至沒有制定掩護中隊的計畫，只下達看著辦的撤退指示。隆美爾陷入苦惱，他只有二種選擇：在這個狀態下，沿著他們過來的路撤退（已經被法軍發現，必須準備至少一半的人員損失）。不然就是在彈藥全數耗盡後，即戰至最後，向敵軍投降。雖然這是一個悲傷的決定，但他可以保持榮譽，同時保全士兵們的生命。

　　這二個方案都不是很讓人滿意，這時候他想到最後的方法。發動一側的突襲，把敵軍驅逐，當他們陷入混亂時，再趁勢順著進來的道路撤退。這是一個出色的計畫嗎？還是一個魯莽的冒險呢？正如之前所說，在第一次世界大戰初期，突襲的風險非常大。因為壕溝是分層建造的，多的時候甚至高達10線。即使隆美爾中隊占領了陣地，想要反擊的法軍也不會位於野地（山少，草地遼闊的地區），並不會讓隆美爾中隊專心進攻。包圍隆美爾的法軍，也被二線堡壘和壕溝困住。換句話說，他們都躲在堅固的壕溝裡，相互對峙。

　　在這種情況下，隆美爾中隊如果發起突襲，有可能會全軍覆沒。問題不止於此，東邊的法軍建立了強大的機關槍陣地，正在向隆美爾中隊掃射。如果他們攻擊西邊的法軍，後方可能會遭到

機關槍掃射。那麼如果攻擊東邊呢？東邊的法軍距離約300公尺遠，要在被機關搶掃射的情況下跑那麼遠，存活的可能性很小。

細心的觀察與分析的力量

綜合以上狀況，讓事情再次回到原點。第三個方案也不是一個即使鋌而走險也要推進的方案，比起直接撤退，還更有可能造成更大的犧牲。然而，隆美爾選擇了第三個方案，並且冒險獲得成功。雖然不得不把受傷者留在壕溝內，也有些人被敵人的子彈擊中，但是絕大多數的隊員都順利返回。是運氣好嗎？並不是。隆美爾的成功關鍵在於在被包圍的情況下，仔細觀察和分析法軍的結果。

法軍即使用一個營的兵力包圍他們，但是卻從未先發動攻擊。他們也對進攻戰法感到不安，反正隆美爾部隊是被孤立在法軍陣地中，法軍明顯是在等待他們彈藥用光。甚至當隆美爾中隊進攻時，法軍也只防禦跟堅守陣地。這種部隊，如果採取突襲和強力的攻擊，肯定會陷入混亂中。隆美爾也敏銳地觀察到東邊機關槍射擊情況，射擊的準確性和士氣都不高。他們一定也是覺得只要把隆美爾困住自己就將會勝利，這無疑是錯誤的。距離長達300公尺，機關槍還對著天空射擊，在這種情況下，如果有突發狀

況，他們一定沒辦法準確應對。

　　隆美爾召集士兵說服他們全力衝鋒是避免死亡跟恥辱最好的方法。贊同隆美爾想法的士兵們，朝著西邊碉堡發動強力攻擊，並奪取一座。驚訝的法軍棄陣逃跑。如果後方是平原，法軍也會反擊。然而，因為後面是另一道隔離線和堡壘，即使占領了第二道堡壘，德軍也只是稍微深入法軍陣地。法軍顯然想再次包圍並消滅對手。因此，他們採取更靈活的應對而不是堅守防禦。隆美爾透過評估法軍的攻擊方式、積極性、陣地情況、戰爭心理，準確地預料到他們會有這種反應。東面機關槍的射擊能力也跟隆美爾猜測的那樣失準，當西面後撤的法軍整裝待發準備反擊時，隆美爾已經抵達德軍的陣地。

　　在這樣的指揮下，士兵們將隆美爾視為神。憑藉這種積累的信任，士兵們更加相信隆美爾，並更加忠實地執行他奇特而大膽的指令，使隆美爾中隊的戰果也越來越好。

　　隆美爾中隊之所以能夠從法軍陣地逃脫的最大原因——他選擇的是一種「經過計算的冒險」。雖然冒險本身就存在風險，但是為了獲得渴望的目標，不得不挑戰它。戰爭不像入學考試，沒有「絕對」的正確答案。因為存在急於取勝的「相對」敵人，所以必須透過超越對方計算行動的策略與戰術來戰勝對手。為了擊敗敵人需要準備許多戰術，即使這些策略都是經過深思熟慮，細緻觀察和強大的分析力量；即使稱之為明智的投資，也預測不了

戰爭的輸贏。有時抱著風險也能取勝,反之,有時候不只有風險
還打輸。在戰爭中風險可以減少,但無法完全消除,投資也是一
樣的道理。

安全投資真的聰明嗎？
——投資股票常見的誤會

　　遠觀隆美爾的突襲似乎很危險，但是根據隆美爾自己觀察的證據來看，這是最有可能成功的策略。投資股票時，有些人認為應該安全第一，因此他們往往只投資股價波動小、資產價值相對低估或股息較高的股票。這些股票中，可能有一些好股票，但通常股價上漲不明顯或逐漸下跌的股票也很多。

　　這就像是溫水煮青蛙，但許多人誤以為這是安全投資。他們買了實際上無法賺錢但穩定的股票，然後認為這樣很踏實。然而，存款或債券才是安全資產，股票從來都不是一項安全的投資。股票市場就是戰場，尋找安全在戰場上本身就是更危險的想法。

　　股票市場流傳下來的規則包括「分散投資」、「投資績優股」、「股價下跌時持續買進」。然而，成為富翁的股市投資者通常不是按照這些話去做的。即使是巴菲特也不會分散投資，而是集中投資少數類股，他也不認同人們所說的市值排名前幾的股票就是優質股。在整個股市崩盤的危機中，分散投資沒有意義，即使是績優股價格也會下跌，而大多數人是在股價昂貴時持續買進。

需要準確的分析與判斷

　　有些專家稱「使用自己開發的程式可以安全地賺錢」、「按照自己設計的交易方法可以安全地賺錢」等言論皆屬不實。世界上並不存在這樣的事情，最重要的是瞭解當代世界是如何運轉，瞭解正在進行的政策以及外交局勢。以此為基礎，判斷哪個產業與企業會更有利，如此進行投資才更安全。

　　我們也需要有能判斷好CEO的慧眼。無論該企業擁有多好的技術與財務報表，如果CEO在作假，投資者將不再相信這些資訊。即使是優秀的企業，也不乏因為CEO的謊言而讓投資者蒙受鉅額損失的案例，目前仍有許多公司正進行著真相之爭。

　　此外，還要觀察該企業周邊發生的變化，專注於一家公司的內部投資，有時會讓人忽視公司外部的變化。例如當原物料價格波動、整個產業的技術水準提升或競爭對手發生變化時，都可能對該公司產生影響。如果可以事先察覺這一點，就能做出比內部人士更準確的判斷，並有可能成功回收投資款項。

華倫・巴菲特精密計算過的冒險

　　雖然巴菲特被認為是一位優秀的價值投資者，但是他的投

資方式乍看之下似乎非常的冒險。例如，他好幾次在全球經濟危機期間，大舉投資瀕臨破產的企業，或者對因危機而股價大幅下跌的公司進行投資。為什麼巴菲特在風險局勢下進行投資呢？

因為儘管他人覺得這是風險局勢的情況，但巴菲特認為不是風險局勢的原因在於大多數人認為是風險局勢時，股價將大幅下跌，沒有人願意借錢給那家公司。這樣巴菲特就有機會，以更好的條件購入該公司的股票或是借錢給它。

當他人視為風險時，巴菲特就能用更好的條件投資，因此他的安全邊際就會增加。反之，當眾人對某家公司感到樂觀時，他可能無法以優惠條件進行投資，需要支付比公司價值更高的價格。

希望各位投資時，應根據自己的分析和判斷，而不是遵循教科書所述的安全投資方式，去做出自己能夠負責的真正明智的投資。

優點

手榴彈比原子彈更強的原因

找出屬於自己的武器

在韓戰當時，毛澤東曾說：「如果美國有原子彈，我們有手榴彈。」實際上，共軍的游擊戰術使美國陷入困境。如上所說，所謂「好武器」會依戰術而變。企業通常會強調「技術實力」這項厲害的武器。但僅憑此就投資是否會成功嗎？讓我們看看星巴克跟特斯拉的新武器。

不是有好武器，就能打勝仗。武器只是決定勝負的一個要素，但這並不代表，我們可以輕忽武器的重要性，也不表示武器的優勢可以輕易被克服。

戰術是一種綜合藝術。透過合理安排戰鬥的各種要素，找出可以達成目標的最佳組合，或是找出手上所擁有的組合，最能發揮最佳功能的目標或對手來獲勝。從這個觀點來看，我們必須改變評價武器好壞的標準。當問到十字弓跟現代步槍哪個更好時，一般會回答步槍更好。如果一個中隊在高地作戰，那麼步槍會比十字弓好許多；但假如要潛入恐怖分子占領的貨輪，需要靜悄悄地暗殺哨兵，那十字弓會是個更好的武器。

我們來看另一個例子，當具有轉彎力好的戰鬥機與爬升能力（也就是垂直移動力）優秀的戰鬥機交鋒時，哪一方會更有利呢？這是自從有空戰以來一直未解的問題。從實戰看，終究還是以可以活用自己優勢的戰術和飛行技術來決定勝負。好，現在我們來看一個更極端一點的例子。這就是關於像原子彈一樣強大武器的故事，透過以下案例，我們可以清楚理解製造自己獨一無二武器的意義。

共軍的武器

〰〰〰〰〰〰〰〰〰〰〰〰〰〰〰〰〰〰〰〰〰

「如果美國有原子彈，我們有手榴彈。」

在韓戰期間，毛澤東對共軍的勝利表示自信，並說了這樣的話。這奇怪的豪言壯語，即使聯合國軍的指揮官們聽到，也可能無法意會其意義，當時共軍的戰力與戰術都被蒙在面紗之下。相反地，美軍的戰術則暴露無遺。美軍與共軍，二軍在冰天雪地的蓋馬高原展開一場後來被稱為「長津湖戰役」的戰鬥。

在開戰之前，共軍披著白色的偽裝布趴在雪地上。他們擅長夜戰，在夜晚來臨時，隨著攻擊信號響起，他們掀起偽裝布向前衝。目睹那一刻的美軍士兵說，白色的大地瞬間變成了黑色。他們回憶說，那就像是山脈與田野同時站起來，並向他們衝來，即使用機關槍掃射，也會被捲進這黑色的浪潮中。就算用可以炸出直徑50公尺大洞的M114 155公釐榴彈砲射擊，也只會讓那漆黑的影子出現一個白色圓圈，然後又迅速消失。

當這股恐懼的驚濤漫至防線附近時，四處傳來爆炸聲。那是手榴彈。因為天黑所以沒辦法看得很清楚，但有人報告說中共大軍中持有步槍的士兵沒有多少，誇張的情況下，據說只有十分之一的人持有步槍。相反地，他們被裝備了大量手榴彈，可以說全身滿是。只要在手榴彈的投擲距離內，好幾人甚至好幾十人，會同時投擲手榴彈。當時一位參戰的美國海軍陸戰隊員描述說，那

是他第一次目睹飛來的手榴彈多到可以把天空遮成漆黑一片的景象。在壕溝中的士兵，完全無法躲避，如果要放棄壕溝或堡壘逃跑的話，就必須放棄壕溝中的機關槍或大砲。

好在當時共軍所持有的柄式手榴彈火力較弱，很多都是啞彈。也有士兵為了救戰友，用身體蓋住掉入壕溝中的手榴彈，結果只受到輕傷。在1950年德洞山戰役被授予美國國會榮譽勳章的英雄赫克特・卡菲拉塔一等兵（Hector Cafferata，1929～2016年）。他撿起落到堡壘內的手榴彈，準備丟回去的時候，手榴彈在手上爆炸，他也因此受傷。在那個情況下，即使身體成了碎片都不奇怪，但他只是手指折斷，狀況並不算嚴重。

當共軍成功突破或瓦解防線時，持槍的士兵會向前衝鋒，透過這個突破口攻擊對方的側翼或後方。聯合國軍隊開始稱這種戰術叫做「人海戰術」。雖然這詞也沒有說錯，但也不是正確的說法。如果把「人海戰術」解讀為僅僅透過人數優勢來取勝的戰術，那麼這樣的理解就更不準確了。

展現出共軍優勢的人海戰術

這個戰術據說是在1937年中國抗日戰爭時，中國共產黨跟國民黨聯手對抗日本軍時，共軍的林彪總司令（1907～1971年）創

此戰術。與日本軍相比，中國軍在火力、武器、訓練等各方面都處劣勢，在八年抗戰中付出巨大的犧牲。國民黨軍隊由蔣介石率領，雖然從美國獲得相當數量的武器支援，但要逆轉局勢則是一件困難的事情。

武器與火力不足，如果採用相同的方式進行訓練和戰鬥，必然會處於劣勢。林彪將中國軍隊的獨特長處歸結為二點：大量兵力與集體性。在過去，中日韓三國比起西方社會，重視國家整體利益更優先於個人利益。然而，這種觀念的表現方式和特點則有所不同。在戰爭史中，中國軍以龐大的集體作戰方式展現獨特的專長，那就是忍受身體上的折磨和炮火攻擊。例如，在1851年的太平天國之亂，撤退的太平天國軍受到三發砲彈的攻擊。當時在江邊等待搭乘運輸船的太平天國軍，面對天降砲雨也沒有逃走繼續堅守在渡口。即使砲彈在人群中炸出缺口，其他人也會立即填補上去。這奇特的景象一直持續到那個小船上的人完全消失。

共軍利用士兵數與集團性這二個優點，採用新的作戰方式。首先，他們訓練嚴格的潛伏和偷襲，使之能夠無聲無息地移動，不留下足跡，不發出聲音，悄悄移動到攻擊準備地點。然後在下達攻擊命令之前，都在陣地中等待。為了不被敵人發現，連上廁所都被禁止，即使在酷寒中也必須咬牙忍受。

在長津胡戰役時，共軍悄悄地接近美軍的陣地，將熟睡的美軍連人帶睡袋一同拖出或用刀殺害。戰爭初期，使用這種戰術擊

潰整個美軍中隊。共軍為了避開空中偵察，在雪地上一邊移動，一邊用掃帚清理足跡。手持樹枝站立，從空中看起來就像是林木。藉助這種宛如鬼魅般的機動能力，他們滲透進敵軍的防線，深入後方。有著高山峻嶺的韓國地形，非常適合共軍這種戰術，聯合國軍沒辦法在所有的山谷和狹隘地段部屬兵力。無聲無息滲透的共軍分成二路進攻：一支，專門襲擊砲兵陣地、司令部與補給倉，孤立前線部隊。另一支則占領重要的山地與交叉路等主要道路，埋伏等候支援部隊或撤退的部隊，予以殲滅。

這種攻擊不是一次就能完成，一旦圍困攻擊目標，他們像鬼魅般潛伏著。等時間一到前線與後方同時發起攻勢。在這時，用所謂的人海戰術不斷發動攻擊直到前線崩潰或是彈藥耗盡。而對於防守方來說，感受到的是突然間砲火和聯繫中斷，砲兵支援消失，支援部隊或補給車輛未能到達。

一旦被包圍、孤立，這一事實被揭露，恐懼感蔓延就會導致士氣跟鬥志迅速下降。部隊為了逃出包圍，撤退並拋棄陣地，敵人早已侵略並包圍通道，他們就這樣掉進埋伏中。這些在恐慌中崩潰、喪失鬥志撤退的部隊，再次遭受更大的傷害。

就像這樣，共軍的人海戰術並非單純靠著人數多，像海嘯一樣運用兵力的戰術。而是將敵人分散，將兵力效率提到最大的戰術。儘管在火力方面處於劣勢，並在關鍵時刻進行步槍突擊會導致人員傷亡，但透過這種戰術取得勝利，可以減少犧牲，不像一

般戰敗時那樣造成大量損失。

　　總結來說，每個戰術都有最適合的「好武器」。無論在戰爭還是股市中，只有準確掌握自己的優點，找出最有效率的方式，才能取得勝利。

你獨有的武器是什麼？
──超級螞蟻集中投資的理由

在股票投資中，有句著名的格言是「不要把雞蛋放在同個籃子裡」。為了對抗風險，人們通常接受多元化的建議，而這種建議幾乎被視為聖經一樣。因此，大多數投資者認為分散投資是萬能的。然而，靠投資股票致富的人大部分都是集中投資。

即使是優秀的基金經紀人，大多數也未能超過指數平均報酬率。因此，韓國綜合股價指數200（KOSPI200）、納斯達克（NASDAQ）的QQQ ETF、S&P 500的SPY ETF深受投資大眾歡迎。但諷刺的是，在股票市場中成為超級螞蟻的人通常不是分散投資，而是專注於少數股票。這些人將資金集中投資於他們認為最確定的公司，尤其是在他們熟悉的產業中。因為是自己從事過的產業，所以比專家還要認真學習關於該企業相關知識，或為了瞭解該企業，花費幾個月到幾年的時間分析。比別人花更多時間更認真分析後，然後集中並用更多錢投資。如果用100萬韓元，達到10倍，就是1千萬韓元，但如果投資10億韓元，達到10倍，就是100億韓元。因為要投資很多錢，所以要非常確信，只要成功投資一次，就能成為富翁。

　　巴菲特也說過如果投資者分散投資多種股票，這證明了對自己投資的股票沒有信心。他說比起分散投資，如果集中投資能確實上漲的4～5檔股票將更明智。因為一般投資者必須兼顧全職工作，因此投資多家公司並進行深入調查並不是一件容易的事情。

「技術最棒」的幻想

　　這些被投資者投資並取得巨額收益的股票，出乎意料地都不是擁有獨特技術的企業。大眾對獨特技術能力抱有幻想，他們認為若一家企業有著無人能超越的技術，那股價就會飆漲到令人難以想像的程度。然而，擁有獨特技術的企業與獲利和股價上漲有可能是兩碼事。就像引進新武器並不保證能打勝仗，企業擁有獨特技術並不保證吸引客戶購買。

　　代表性的例子就是，巴菲特投資的企業並非擁有強大技術實力的公司，而是像可口可樂、時思糖果、吉列、好市多、蘋果等擁有強大品牌的企業。品牌價值很難用數字衡量，也不會反映在財務報表中。因此，投資者不明白特定品牌的價值有多強大。相比之下，強大的技術、低廉的價格能用雙眼確認，所以投資者很容易信任這些資訊。然而，當實際開始面臨銷售競

爭時，投資者會意識到技術實力和價格競爭力在擴大市場上存在侷限性。

在智慧型手機問市初期階段，技術實力就是競爭力。比誰能用更低廉的價格，推出有更優秀技術的智慧型手機，這是核心競爭力。然而，隨著時間的推移，使用者發現他們無法充分利用這些高效能智慧手機的功能。反正常用的就是網路、聊天工具、YouTube、遊戲，即使有比這更好的功能，對消費者來說也感受不到太大的吸引力。因此，一度生產高效能智慧手機的技術公司逐漸失勢。相反地，對廉價智慧型手機的吸引力也不像以前那樣有著強烈影響。隨著新興市場的收入增加，智慧手機的使用率提高，人們對於購置智慧手機的標準開始轉變為購買符合自己需求的手機。

許多人偏愛的智慧手機品牌是蘋果的iPhone。iPhone只與蘋果裝置相容，不與其他裝置相容，除非技術優異，否則相對價格高昂且技術並非獨一無二。但多數人因設計和品牌帶來的情感而想擁有iPhone。這樣一來，競爭對手就不知道該如何是好。即使推出技術比iPhone更優越的新產品，或者提供更便宜的產品，消費者還是會買iPhone。另一方面，面對品牌這個隱形的敵人，競爭對手感到恐懼，開始紛紛退出市場。

關注品牌

　　咖啡連鎖店市場也是如此。雖然有許多比星巴克更美味且便宜的咖啡店。但由於星巴克在咖啡市場占有率位居第一，人們更傾向於選擇星巴克的咖啡。重要的事實是許多人並不瞭解咖啡的滋味，儘管如此，大眾還是覺得星巴克的咖啡很好喝、很有Fu或氛圍很好，所以喜歡光顧星巴克。如果你是其他咖啡連鎖店的老闆，要如何與星巴克競爭呢？即使提供更便宜的價格或更美味的咖啡，人們也不會放棄對星巴克品牌的偏好。即使韓國國內咖啡品牌市場已經發展了數十年，但人們對於全球連鎖咖啡市場中占有率第二的品牌一無所知，以至於他們只對星巴克著迷。

　　接下來的戰場是電動車。電動車現在是一個新興產業，讓人聯想到十年前的智慧手機市場。當時生產2G手機的摩托羅拉、諾基亞主導全球市場，但隨著蘋果推出智慧型手機，許多行動電話製造商倒下了。儘管許多傳統汽車製造商都表現出對電動車的信心，但由於特斯拉作為電動車產業的引領者，其他車廠的生存可能會被擠壓。除非他們找出自己獨特的武器，才能避免被特斯拉逐步進逼。

　　眼下來看，雖然目前擁有豐富的製造經驗、技術出眾、能夠實現規模經濟的整車企業占優勢，但大多對「電動車＝特斯

拉」的印象非常深刻。對於大眾來説，特斯拉是具有魅力的電動車品牌。就像iPhone在推出初期只有少數人使用，但使用過iPhone的人會繼續選擇iPhone一樣。這樣的品牌忠誠度提高了，同時也吸引了新客戶。相比之下，其他智慧型手機使用者的品牌忠誠度不高，可能根據技術或價格來更換品牌。

　　雖然在一開始，電動車市場可能會被認為主要由技術實力和價格競爭力所主導，但從某一刻開始，這些因素可能不再是主要吸引力。從那時起，擁有強大品牌的企業將主導電動車市場。從目前來看，特斯拉很有可能成為第二個蘋果、第二個星巴克。

　　在股市中，就如同對技術的盲從是幻想，企業沒有絕對不可動搖的武器。企業的優勢取決於產業現狀和前景等周邊環境的變化。就像特斯拉的例子一樣，讓我們持續關注在前景看好的產業中，哪些企業能先搶占並不斷增加品牌價值。

資訊

要分析戰爭史的原因

繁榮與蕭條
會重複

透過戰爭史學習戰略,就像透過歷史學習投資一樣,因為二者都是
人類行為的結果,而人類本性往往不會輕易改變。從瞭解人類行為
模式並應用於現實中,有助於降低風險。然而,不應盲目地將從歷
史中獲得的見解機械地應用或重複,若想將其有創意地應用,則需
準確比較和分析過去與現在的差異。

　　聽到我學歷史，很多人會說這是一門很高尚而優秀的學問，也有人會對此表示尊敬。但是他們尊敬是因為這是門與現實無關、學了會餓肚子的學問。歷史確實是一門充滿挑戰的學問，但並不是說它對生活沒有幫助。

　　雖然對於像我這樣的歷史研究者來說，這因為太理所當然所以很難解釋。但意外的是也有很多人想問，在現代學習過去的戰爭史能發揮何種作用、在什麼地方？特別是在軍隊中，很多的軍官、士官生都有這樣的疑問。在噴射機和無人機飛行的時代，從長矛和盾牌戰鬥的歷史中學習到的是什麼？認為使用長矛和盾牌的戰爭教訓在現代已經沒有用處嗎？這樣的說法只不過表明了自身缺乏將歷史戰爭教訓，加工為現代和未來戰爭素材的能力。而事實上，這種能力正是成為一位優秀將軍的條件。

　　俗話說：戰術或許會改變，但戰略永遠不會改變。特別是在制定戰略時，地緣政治因素是即使時間過去也不會輕易改變的。然而，更不會改變的是人類的本性。例如，部隊士氣、戰場心理、對任務的使命感、對戰鬥的影響也不會改變。這就是我們需要研究戰爭史的原因。

誤解天下三分之計

　　《三國志》描述了一個叫做「天下三分」的計策。藉由占領現在的四川（蜀地），與華北的魏國、江南的吳國一起三分天下，最後決一勝負。劉備在三顧茅廬後，終於見到諸葛亮，聽到「天下三分」的計策後非常感動，這情節是後世小說中虛構的。其實「天下三分」是由龐統和周瑜想出來的，但恐怕當時的人都知道這個計畫，因為漢高祖劉邦和後漢光武帝曾二次入蜀，趁中原混亂之機打敗來犯，最終取得天下。

　　是的，劉備和諸葛亮確實有過這樣的討論，但他們對「天下三分」之計並不是感到驚嘆，而是對如何實現和成功的可能性進行了討論。

　　四川盆地曾被稱為蜀或益州，這裡被陡峭的山巒層層包圍。雖然山區有許多通道，但大部分都很崎嶇狹窄。有時還必須經過建在崖壁上被稱為棧道的登山路線。

　　我認識的研究人員中有人走過這條路。這條路是從西安到成都的巴士路線，有一位曾在深夜經過山區，但因沒路燈加上風勢太大所以什麼都沒看到。幾年後，另一位研究人員帶著學生去了一趟，沒想到那幾年間，中國政府放棄了蜿蜒的舊道，建了個直通隧道，於是他們只看了隧道。

　　這條神祕的道路雖然難以攻克，但根據記錄，攻方想要打進

這個地方還真不是普通困難，連守方也不易走出去。然而，出乎意料的是山脈內側的四川盆地卻非常肥沃。這裡的農業生產力高出周邊類似面積的省分2～3倍。因此，在這裡即使無法馬上統一天下，也可以一邊儲備實力一邊觀望，當對方自亂陣腳或遇到困難時，可以一舉出擊。此外，越過四川盆地，便直達古都長安，即今日的西安市。

入蜀戰略的歷史

被險峻山脈包圍的益州，最先瞭解並善用它的人就是劉備的遠祖漢高祖劉邦。輸給項羽的劉邦，將長安和關中地區讓給項羽，進入蜀中。當時劉邦表示，自己無意攻擊關中地區，也沒有與項羽爭天下的念頭，滿足於成為一個地方領主的意願，他甚至把聯外的棧道一把火燒掉了。然而，劉邦並沒有放棄統一天下的野心，棧道縱火也是個騙局。總而言之，儘管道路崎嶇險惡，但除了棧道之外還有很多其他道路。

騙過項羽的劉邦繞過山脈，偷襲關中地區，那次進攻成為劉邦統一天下的契機。漢朝曾經一度滅亡，外戚王莽生於B.C. 45～A.D. 23年曾滅漢，建立新朝。此時原為皇族的劉秀複製劉邦當年的路線逃到蜀中，隨即率軍返回，推翻新莽，復興漢朝，開啟東

漢時代。

後來東漢衰落，進入三國時代。劉備是第三位入蜀的劉氏家族成員，因此，說他不知道天下三分之計是不合情理的。同時，劉備也是第一個沒有成功完成「入蜀策略」的劉氏，他會進入蜀中也是遵循歷史的教訓。然而，這個戰略在歷史上已經成功過二次，其他人也研究過歷史，因此他們知道入蜀戰略的重要性，並且做了充分的準備應對，這可能是劉備的蜀漢未能成功的原因之一。

雖然歷史上有人成功、有人失敗，但四川的地形、地理價值仍舊很高。因此入蜀策略的歷史持續重演。唐朝滅亡時，安祿山等人在公元755～763年發動安史之亂，唐玄宗退到蜀中避難。途中，士兵們要求殺死禍害江山的女子楊貴妃，唐玄宗被迫殺死了楊貴妃。她的死地如今是一條狹窄的單車道，當時是通往四川的國道。

此後，入蜀之策依舊持續發展。在清末，太平天國軍起義，以廣東省、福建省為基礎，定都南京，席捲中國南部。然而，太平天國軍最終被清軍和漢族官僚階層聯合、外國軍隊的介入和內部分裂所摧毀。在這段期間，太平天國軍的戰爭英雄石達開與太平天國皇帝洪秀全決裂，自行稱帝並向西進發。這時，明代小說《三國演義》傳遍天下，使「天下三分，入蜀策略」的故事深入民間。

因為石達開知道，清軍也明白，所以開始阻止對方入蜀。這時石達開的路線不是從山西進入四川，而是從南方進入。即使

是重複歷史性的戰略，但也已經過一千多年，出發點也不一樣，所以應該可以想成是他改變進入路線。如果要從四川省南部進入蜀中，必須經過大渡河流淌的巨大峽谷。然而石達開僅以一天之差，錯失控制可以渡河的瀘定橋機會。使得在這次戰鬥中遭敗，最終造成致命打擊，他向清軍投降後被處決。

瀘定橋的血戰

　　1946～1949年國共內戰時，毛澤東在共產黨軍隊被蔣介石的國民黨軍隊驅逐時，也嘗試使用入蜀戰略。這就是中國共產黨長期以來一直標榜的策略。國民黨軍和共產黨軍知道《楚漢志》、《三國志》還有石達開等的例子。蔣介石指揮追擊的部隊，下達命令要求他們「重現太平天國軍的歷史」。

　　國民黨軍和共產黨軍為了搶占可以過大峽谷的瀘定橋，開始比起賽跑。這真的是一場賽跑，雙方在峽谷兩側面對面奔跑。率領指揮賽跑的彭德懷（1898～1974年）對士兵說（他後來成為韓戰時共軍總司令）：「（在這場比賽中）勝利即生存，失敗即死亡。」說實話國民黨軍那邊當時應該也說了同樣的話吧！即使意味相同，語氣可能會有所不同「如果在這場比賽中失敗，所有人都會死在我手裡」。

　　國民黨軍贏了比賽，在橋的一側先設了防禦陣地。然而知道石達開命運的22名共產黨軍特種部隊成員用肉身成功橫過瀘定橋，壓制了國民黨軍守衛隊。他們是如何奇蹟似地突破國民黨軍防禦陣地的攻擊，順利過橋呢？雖然確切的記載不明，但有可能是因為國民黨軍犯下了愚蠢的錯誤。瀘定橋是用鐵鏈連接腳踏板的雲橋，長100公尺，寬約3公尺。他們也不是完全破壞橋梁，只是拆除從他們所在之處到橋中間的踏板。有學者認為，這麼做是因為擔心重建橋梁的費用，但真相難以得知。

　　橋體沒有踏板的地方，22名特戰隊員利用鐵鏈垂吊的方式徒手跨越。而且當特戰隊員過橋期間，共產黨軍試圖以機關槍壓制國民黨軍機關槍陣地，但是力量遠遠不足。因為國民黨軍在機關槍陣地用機關槍掃射，同時在樹上部署狙擊手。

　　當然，特戰隊應當損失慘重才正常，但國民黨軍的子彈只擊中最前面的三人，而且只在他們啟程時。隨著共產黨軍越過橋梁越來越靠近，國民黨軍的射擊開始更加難以命中目標，最終無法擊中任何人。即使是第一位渡橋的士兵（他的武裝只有背在身上的步槍和手榴彈），直到他投擲手榴彈進入國民黨軍陣地，都沒有人射中他。這種難以置信的戰況被記錄在歷史中，當時的情況難以得知詳情，然而共產黨軍繼續渡橋，最終攻克了國民黨軍的防守陣地。

　　這次進攻使共產黨奪得一線生機。大長征的最終目的地與

石達開不同。共產黨軍隊不在四川省停留，而是從南往北縱貫四川，進到《三國志》描述中羌族之地的隴西延安地區。雖然也可以說這不是入蜀策略，但可以理解為應用。

為什麼要研究戰爭史

從入蜀策略的例子中可以看出，研究歷史是非常重要的。但在研究歷史和應用時，有一些地方需要小心，那就是不能因為學了過去的例子，就盲目應用或重複過去的案例。有像劉邦和漢光武帝劉秀一樣，可以重複使用的情形，有時候則需要適時變化、應用。懂得區分之後，想要有創意地應用過去的例子，就要準確比較、分析過去與現在的差異。例如，現代與過去的武器有很大差異。當我們擁有前所未有的先進武器在構思戰略、戰術時，可以參考什麼呢？我們可以參考分析戰爭史中優秀英雄們的戰略、戰術，在掌握過去和當下有什麼差異後，並以此跟原本構想的戰略、戰術做比較。這就是研究過去戰爭的必要性和充分利用過去資產的方法。

人的本性也是如此。勇氣、害怕、恐慌、士氣、鬥志等因素用語言表達很容易，但想準確以數據衡量或表示就很困難。某種因素會讓一個人感到恐懼或讓群體士氣波動時，那個恐懼程度仍

會依據每個戰鬥的情況有所不同。例如，坦克出現時士兵們會感到極度恐懼。然而，分析戰爭史的原因是：興盛與衰落是會再次出現的。即使出現無法穿透敵方裝甲的大型坦克武器，對於有這種防禦手段的情況和沒有的情況，所感受到的恐懼和隨之產生的行為截然不同。

在戰場上，每次都會出現各種細節，但這無法事先訓練、也很難體驗，這時就需要充分擁有並熟悉過去的經驗。即使指揮官是第一次面對這種情況，如果能熟悉過去的例子，那麼預測士兵的反應，並找到正確應對方法的可能性就會大大增加。戰爭是挑戰極限，生死、勝負關鍵全憑一線之差。瞭解戰爭歷史中的指揮官將更有可能發現決定性的微妙區別，而這種區別將成為判定戰爭勝負的重要關鍵。

股票的歷史會持續重演
——大危機前夕景氣大好

　　1920年代經濟大蕭條、1970年代石油危機、2000年網路泡沫、2008年雷曼兄弟破產，2020年新冠疫情危機。雖然股市持續上漲，但危機會反覆出現。買賣股票最令人擔憂的地方是：儘管在牛市後必有熊市，投資者仍然相信永恆的牛市即將到來，並享受槓桿投資。在證券公司App中每天都可以看到韓國國民投資的美國股票第1～5名，其中大多數是3倍槓桿的ETF。在牛市中，他們可以獲得比其他人多3倍的收益，但在熊市中，卻會承受3倍的損失，然而，沒有人知道熊市何時來臨。當2022年出現長達半年的熊市時，這些3倍槓桿ETF的虧損率超過80%。這應該是因為2020年「東學螞蟻運動」後投資股票的人激增，他們看到二年間股市只上漲，認為指數會持續上升，所以更貪心地投資，最終遭受損失。

　　如果你想要投資股票，一定要先學習股市危機的歷史。需要分析為什麼會有網路泡沫，當時哪些股票下跌了很多，以及在那次危機中倖存的投資者投資什麼。還有危機之後市場行情變得如何，只要能分析這些，可以使你成為在下一次危機中不會倒下的投資者。

　　有些人認為，由於每次危機來臨的形式都不同，學習股市歷史是沒有用處的。他們認為，由於無法預測危機何時以及以何種形式來臨，因此學習股市歷史只是空談。實際上，危機到來之前常常有共同的前兆。例如，以往在大危機來臨前景氣會大好。賺錢的人蜂擁而出，大多數人都在投資股票，許多劣質股票上漲更多，人們被報酬率矇蔽雙眼，變得更加貪心。結果在這情況下危機發生，股市大幅崩盤。因此，即使無法確定會發生什麼樣的危機，但在危機來臨之前，我們通常可以感覺到一些前兆。這就是我們應該學習股市歷史的原因。

從股票歷史學的投資法

　　回顧數百年的股票歷史，可以看到有過很多危機和繁榮。許多投資者進入股市，就消失了。在這種情況下也有投資者可以在市場上長期穩健地獲利。因為已經有這種大數據，所以可以推測出做什麼和不做什麼，有利於投資。

　　最重要的是控制貪婪並克服恐懼。要想投資賺錢，就必須低價買入並高價賣出。但是大多數人則相反，是以高價買入並低價賣出。當貪婪時購買，通常會高價買入；當恐懼時出售，通常會低價售出。當他人貪婪時，你必須有購買的節制力；當

他人恐懼出售時，你必須有購買的勇氣。

　　要擁有與大眾相反的心態非常困難。因此即使腦袋能理解理論，實際應用中也可能難以克服心理障礙，應該逐漸增加金額，要學會控制貪婪和恐懼。如果在設定範圍內可以充分控制，則應逐步增加金額。

　　還有另一件重要的事情是，雖然很難準確猜到危機什麼時候來，但在危機到來之前一定會出現徵兆。當人們貪婪時，無價之物可能會被標以高價。17世紀的荷蘭，一朵鬱金香的價格竟然等同一棟房子的價格，而在網路泡沫時期，一些小型軟體公司的市值竟超過幾家大型企業的總市值。當發生無法用常識理解的事情時，那就表示市場因為大眾的貪婪而開始扭曲。這時如果跟著別人進入市場，不久就會面臨很大的危險。

　　投資沒有明顯弱點的企業是最安全的。有些企業時賺時賠，其股價波動較大，反之，無論景氣好壞，都能持續賺錢的企業，其股價相對較不會大幅下跌。如果這種企業具競爭力，品牌價值也高，就能賣出高價。當它的利潤持續快速上升，股價也會跟著上漲。好時巧克力（Hershey's）、可口可樂、好市多、蘋果、星巴克、橋村炸雞等企業防禦危機的能力就很強。

心理

就像不會動搖的犀牛角

當內心崩潰時
需要考慮的事情

當人的心理受到極大的影響時，就很難做出戰略性判斷。這種心理戰會使對手陷入巨大的危險中，因此在戰爭中很常被使用。市場的下跌就是一個影響投資者心理狀態的典型因素。投資者在經歷市場下跌時會感受到巨大的心理壓力。反之，在市場上漲時，泡沫的風險也隱藏其中。在任何情況下，要如何保持理智，保護自己的資產呢？

戰鬥是以生命作為賭注的遊戲，與在輕鬆無壓力的情況下做出的決定截然不同。比如說書桌上有三個抽屜。昨天用過的原子筆在哪裡呢？我們會直覺性地依次拉開這三個抽屜。即使回想之後再找，也能輕易地想起來。然而，假設其中一個裡面有原子筆，而其他二個抽屜則設有捕鼠器。即使自己習慣將筆放在第一個抽屜，也很難輕易打開抽屜。正因昨天的記憶已經消失得無影無蹤，就像這樣，戰場上的壓迫、負擔和緊張感，會讓戰略家無法正常思考。

對敵人造成精神困惑，使其無法進行戰略判斷的典型戰術是心理戰。例如，我們熟知的成語「四面楚歌」源自《史記‧項羽本紀》「昔項羽破關，漢謀已定」也可以窺知一二。項羽在垓下之戰（B.C. 202年）中敗給了劉邦，這衝擊不僅影響項羽，還擴及到全軍。當晚從包圍楚軍的漢軍陣營裡傳來楚地的歌曲，雖然這是漢軍的圈套，仍讓項羽大吃一驚。他以為有跟歌聲一樣多的楚國士兵投降到漢營。連項羽都這麼想，那士兵們呢？楚軍潰敗，項羽也亡於此。這就是「四面楚歌」這個成語的由來，從古代戰爭就開始使用心理戰。

古代心理戰

作為更古老的古代心理戰證據是戰舞（war dance）。雖然在文明世界中這種痕跡已經消失，但在巴布亞紐幾內亞的部落、美國印第安人中，戰舞一直傳承下來，傳到我們這裡。現在，巴布亞紐幾內亞的戰舞已成為該地的特色和備受全球歡迎的表演，觀眾們都說它有著奇妙的上癮性。

如果從戰爭技術的標準來看，這種戰舞是很不像樣的方法。如果真的在戰鬥前表演這種舞蹈，將會使人在戰鬥前就筋疲力盡。即使在原始戰爭中，真正可怕的部隊是那些不吶喊，不帶醒目頭飾直接衝向敵人的沉默戰士。然而，在戰場上使用戰舞的理由，可能因為它是一種獲勝的出色手段之一。看到跳著戰舞的敵軍，他們的吶喊和充滿自信的舞姿，心理會受到影響，產生恐懼勝過理智的情況。新的理性聲音在耳邊低語：「真的需要冒著生命危險嗎？就把他們想要的給他們吧。反正沒有那個，也不會讓我們的生活變得困難，或是有太大的不方便。」

這就是戰舞的魔力。當然，隨著訓練有素的專業戰士代替了原始戰士，戰舞也失去了效力。文明人忘記了那種舞蹈和吶喊，直到在地球上仍存留的荒野叢林中重新發現了它。然而，這並不意味著戰舞的原理，在戰場上以恐懼支配理性的原則已被廢棄，只是表現方式不一樣而已。

特別用心努力設計武器的理由

戰爭中心理戰的用途和方法不勝枚舉，在現代戰爭中，甚至有專門負責心理戰的專業部門和部隊。

然而，很多人會誤以為心理戰是用廣播、傳單、音響和麥克風進行的戰鬥。其實士兵們的吶喊、沉默、旗幟、制服、頭盔裝飾、部隊聲響、砲擊、射擊等一切都是心理戰的要素。

舉例來說，穿著整齊的制服就是一種心理戰的重要因素。當然，即使穿著得體，制服也不是防彈背心。優秀的制服雖然可以間接證明國防費用與軍需品供應充足，但並不保證能獲得勝利。在戰場上多的是可以代替制服的勝負因素。儘管如此，整潔的制服和精良的軍隊可以提高士氣和信心。士氣的提升可以減少恐懼，並增強信心。

從古希臘的青銅步兵到現代軍隊，所有軍隊都很注重設計，從制服、頭盔，甚至只注重功能的武器，各國都致力於將提供給軍人使用的基本步槍，設計成科幻電影中才會出現的樣子。

真的有必要做到那種程度嗎？步槍功能好不就行了嗎？實際上並非如此。雖然在有各種尖端武器和導引武器的現代戰爭中，步槍的重要性不斷減少，但現代的步槍被要求具備相當耗資的設計感。為什麼？因為這讓友軍士兵感到自信，讓敵人感到害怕。

心理戰的目的

那麼心理戰的目的是提高我軍的士氣，給敵軍帶來恐懼嗎？事實並不是那樣。

心理戰的目的主要可以分成二個方面。第一是破壞戰鬥意志，第二是刺激敵人的情緒，誘導他們戰略誤判（當然現實中，這「心理」和「戰略」二者互相影響，常常無法準確區分）。戰舞、士兵吶喊聲、制服等可以視為第一個目的，但是在戰爭中真正重要的是第二個目的。

在前文介紹「戰爭迷霧」一詞時，曾指出即使做出理性判斷和充分準備，一旦戰鬥開始，戰場將充滿不確定性和突發情況。即使指揮官想要保持理性與做出合理的判斷，但戰爭迷霧會將合理判斷的基礎，用不確定性這層厚重的帷幕籠罩起來。

在這一刻，指揮官將面臨戰場上最令人恐懼的時刻。應該堅持一開始的計畫嗎？還是應該改變計畫？即使沒有上過戰場，我們在生活中也會經歷無數個這種時刻。戰鬥的勝負不是在會議室裡決定的。在砲火交錯之際，士兵們行動並碰撞的瞬間，當戰爭迷霧籠罩戰場並浸透到指揮官的心臟時，此時的判斷將是決定戰爭結果的關鍵。

戰勝心理戰的方法

　　我們必須成為戰略家的原因是必須時刻保持著制定戰略、設定目標、進行分析、提出方法的機制。當突發情況發生，如間諜般可怕的情報傳來時，我們不能驚慌失措，而應該具備檢視自身制定計畫的整體結構、展開圖表並進行分析的習慣和能力。

　　有些人可能會懷疑透過這樣的過程，是否難以迅速應對情況。然而，這是最具迅速反應且準確應對情況的方法，透過訓練，甚至可提高成如光速般這麼快。反之，指揮官如不能迅速和精確應對情況的原因，則是對整體戰略不夠清晰，依賴他人的情報或計畫、被情緒左右，制定戰略時過於受過去經驗影響，本人就越不清楚戰略從何開始，以及在哪結束。因此，當令人驚慌的訊息傳來且情緒波動時，就可能會犯錯誤。

　　戰略家是很有系統的人，他們選擇的戰術根據，就像整理好的抽屜或圖表。當出現無法預測的情況或新情況時，能迅速分析和判斷該情況應放在圖表的哪個位置。

　　必須明確辨識新變數是取代戰略基礎的變數，是搖動樹枝讓果實落下的變數，還是得重新建立支柱的變數，又或者是會掀飛屋頂的變數。當然，即使是天才戰略家，也不可能永遠做出正確的判斷。然而，透過失敗，這樣的戰略家可以從失敗中成長，並且提高制定戰略與應對的能力。即使一開始會犯錯，相信下次能

更快更準確地分析和判斷。

這是克服心理戰的正確方法。

在熊市時動搖內心的東西
——果斷關閉股票視窗

　　想在股市上保持平常心並不容易。但我們是投資而不是投機，那麼就要能在大趨勢中看得長遠，因此保持平常心對投資者來說非常重要。

　　大致上有二種情況會導致投資者的心態急劇崩潰，分別是熊市與牛市。特別是熊市時，投資者們的心情會非常焦躁不安。如果資金被鎖死，就會開始後悔沒有提前賣出，接著決定再也不要買賣股票，各種情緒層層累積而陷入苦惱。在這過程中，有一個大家都知道但卻很少有人嘗試的解決方法，那就是控制情緒。已經說了很多次，股市是隱藏著誰都無法預測風險的市場。投資者的角色就是承擔風險進行投資，讓我們來看看在情緒動盪時應該避免做的事情。

　　第一，盡量遠離股市行情。最好不要打開股票交易軟體，直到有下跌趨勢停止的徵兆為止。由於大戶清楚投資者何時買進和賣出股票，因此他們會透過提高或降低股價來影響投資者的心理。因此，當出現熊市時，最好遠離股市，去遠方旅行或增加工作，讓自己忙碌起來。特別是不要確認帳戶餘額。因為在確認下跌幾％的那瞬間，就會產生「我損失了這麼多錢」的恐懼。

　　第二，不要被新聞報導所迷惑。新聞報導正是操縱投資者情緒的方式，當出現熊市，不好的訊息就會占據主導地位，而積極的訊息反被激怒的投資者惡意評論所淹沒。大眾通常只會點選他們想看的報導，如果報導跟自己的觀點不同，就不點選或留下反對的評論。這樣一來，記者就會寫恐懼性的文章來引起市場恐慌，或在牛市中提供光明前景的文章來獲得更多點選和廣告收入。如果受到這樣的新聞操縱，就很難控制自己的情緒。

在熊市需要深思的事情

　　當投資者身處下跌的熊市焦慮到極點時，大致會有二種反應，一是加碼攤平或是止損認賠。

　　「加碼攤平」是購買更多股價下跌的股票，降低平均單價的策略。然而，新手投資者因為心急，往往就在股價下跌初期就加碼，這樣一來，即使之後價格持續下跌，他們會因為沒有資金再續買。又或者，他們會感到恐慌，然後開始認賠出售。

　　「認賠止損」是指在虧損的狀態下拋售股票的策略。當市場上股價急劇下降，為防止進一步損失而出售的策略。雖然可能看起來是明智的選擇，但是認賠止損要非常慎重。因為不用

幾次，資金就會快速減少，除非你正需要現金或當你覺得看不到投資企業的未來，否則絕對應該避免採用這種策略。正如前面有提到，巴菲特和彼得‧林區說過在股價下跌時，投資者應該做的就是相信市場並耐心等待。當面對熊市，在許多危機中存活下來的投資者格言指出，在下跌市場中需要深思。

如何在牛市時不賠錢

　　不僅是熊市，在股市上漲的牛市也可能會讓投資者內心崩潰。讓我們來看看人類的心理吧。人類在發現火和製造武器之前，是易受猛獸威脅的脆弱動物。弱小的動物會藉由群居提高存活率，因為如果獨自面對野獸，死亡機率接近100%，而當群居時，野獸通常只攻擊少數人，因此存活率會大大提升。

　　從古代開始，人類就有成群的本能，直到今日人們也本能地害怕從群體中落後。因此，當他人賺錢而自己無法賺錢時，比起和他人一起虧損，更加痛苦。害怕當別人都成為富翁，只有自己沒搭上車。於是原本對股票不感興趣的人，也忍不住跟著進行投資。

　　然而，從這一點開始，股市的危機就開始了。因為連對投

資不感興趣的人都進場時，這往往意味著市場已經接近末端，當股市沒有更多人投入時，將達到極限狀態。當投資者提早意識到股市泡沫時，就不會有太大問題。這時候只需要適當處置自己的股票即可。然而，對於沒有意識到這一點的新手投資者，他們需要做好一些準備。

第一，不要依賴專家。菜鳥投資者在學習投資股票時，傾向依賴他人的資訊。然而如果不是投資自己研究並找到的企業，而是投資別人找到的企業，可能會有錯誤的結果。關於企業的相關資訊網路上非常豐富，現在這個時代想找資料並不困難。此外，要找到適合自己的股票，就是要建立起自己的獨立思考能力，而不是從眾，所以最好自己學習判斷。社群、YouTube、投資節目都是可以幫助自己判斷，但是絕對不能完全照著去做。一開始可以從小額投資開始，即使失敗，就當是積累自己的經驗。如果可以的話，儘可能不要只依據專家的建議投資。

第二，分批買入和分批賣出是最好的方式。這是我最想推薦的方法，特別推薦給心理脆弱的投資者，每個月固定一筆投資金額，並持續進行買入。如果出現危機前兆時，適當分批賣出，就能獲得比大部分專家更高的報酬率。如果連這個都覺得難以執行，還有個策略是每月發薪水時購買最佳股票或指數ETF直到退休。

　　在美國，人們可以透過退休年金進行股票投資。曾有報導，截至2021年底，退休年金餘額超過100萬美元的人數達44萬人。韓國也可以透過年金儲蓄基金、退休年金帳戶等途徑投資股票型ETF。這樣可以長期投資，因此有較高的獲利潛力。

　　從美國S&P 500指數來看，最近十年的年均增長率約為15%。可以說是十年間增長了4倍。那麼二十年將漲16倍，三十年將漲64倍，從中可以看出長期投資的優勢。

賦予動機

世上不存在沒有理由的戰爭

為什麼要投資？

打仗時，士兵被要求要有超越極限的意志力和體力，甚至要犧牲生命。因此打仗至關重要的是，需要他們能接受的理由，股票市場也不例外。市場上充斥著無人能預測的大幅下跌和危險。如果投資者要想承受得住危機，就一定要問自己：「我為什麼要投資？」

　　如同《孫子兵法》中所述「用兵的法則，對敵人以謀攻。」一樣，謀略在戰爭中受到讚揚。但這種謀略只存在於戰爭嗎？戰場上，殺人、放火、掠奪等所有惡行都成了正當手段。對於這樣的戰爭，還有必要尋找正義理由嗎？相反地，正是因為如此，才更重要且必不可少。為了合理化所有暴力和惡行，必須堅持正義是所有行為的極致。

　　對於上戰場的士兵來說，需要值得自己貢獻生命的理由。對於犧牲國民生命和財產的國家來說，更是需要合理的理由。如果軍隊和士兵懷疑打仗的目的，懷疑自己為什麼要委身於轟隆砲火之下，戰鬥力會迅速減弱，甚至可能引發叛亂。

　　除了這類現實的理由之外，從人類進步的最終觀點來看，正當理由仍然是至關重要的。最好的方式是避免戰爭，然而，如果無法避免戰爭，難道不應該將這種巨大的暴力和犧牲用於人類的進步，用於創造更好的生活嗎？

先挨打後才開始的戰爭

　　1967年，在被稱為「六日戰爭」的第三次中東戰爭爆發之前，埃及總統賈邁‧阿布杜-納瑟‧胡笙（Gamal Abdel Nasser）祕密召集了軍隊首腦。當天討論的主題是如果埃及允許以色列發

動先制攻擊，將會造成多大損失。在先制攻擊中最令人擔心的是以色列空軍每20至30分鐘就能抵達埃及境內目標的速度，因此所有目光都集中在空軍指揮官身上。空軍司令官穆罕默德‧塞基‧馬哈茂德將軍（Mohamed Sedky Mahmoud，1914～1984年）認為會損失約20%。納瑟喃喃自語說：「嗯，這種程度應該可以承受。」

「空軍戰力的20%」雖然當時軍用機不像現在這般昂貴，但仍是最為昂貴的裝備。包括跑道、導彈、雷達，以及無法以金錢衡量的生命在內，納瑟還是忍痛做出了犧牲的決定。「我們的戰爭很正當，因為是以色列先攻擊，所以我們也必須還擊。」這些都是為了大義，他願意做出這樣的犧牲。

然而，當實際戰爭爆發時，以色列空軍不只破壞埃及空軍戰力的20%，而是幾乎破壞殆盡。在沒有叢林、深谷可以遮蔽的西奈半島上，失去了制空權的埃及軍遭到嚴重打擊，而以色列則取得了空前的勝利。

六日戰爭的教訓，也就是為了正當性，讓出先攻機會的結果是多麼地致命。最瞭解這件事的國家是以色列。但是六年後的1973年10月，以色列即使收到許多埃及軍要進攻的預警，卻未提前動員預備軍隊，也沒有同意空軍事前準備好的先制攻擊計畫。當時，埃及軍已經建立了堅固的防空導彈防禦網，即使以色列發動先發制人的攻擊，也不會出現像六日戰爭那樣的結果，甚至可

能導致以色列空軍的失敗。然而，值得注意的是，這次以色列決定主動承受攻擊之後才開戰。

那個代價非常可怕。僅僅二天，部署在西奈半島的以色列裝甲師團全軍覆沒，空軍戰力更是損失接近20%。雖然很難確認這個傳聞的真實性，但據說以色列驚慌失措到準備使用核武器，足見他們已經被打到瀕臨潰敗的地步。

戰爭中正當性論的地位

首先發動並擊敗對方的戰爭，「正當性」在中東戰爭中占主導地位，因為埃及和以色列，無論哪一方，都認為國際輿論和外國支援是決定戰爭勝敗的最主要因素。當時的交戰國埃及和敘利亞分別從蘇聯和美國獲得軍事支援。考慮當時的經濟實力和工業實力，雙方都無法單靠自身完成戰爭。此外，還必須依賴二強國提供的支援來進行經濟發展，因此不得不重視戰爭的正當性。

當時美國和蘇聯都主張承認當前的國界線，追求不再有進行侵略的情況發生。雖然提供武器支援，但中東政策的基礎是支援，並避免被對方征服。

在這樣的情況下，交戰國雖然開戰，但無法持續太長時間。雙方都知道，如果聯合國提出和平協議或停火協定，他們就應該

停止戰爭。他們的戰略是快速達成所需目標，以最有利的方式引領聯合國調解方案，以實現「在當前情況下停止戰爭」的宣布。

從這一點來看，有時候讓人覺得匪夷所思。戰爭的根源應該在戰略層面找尋，這涉及國家之間結構性和長期的因素。「先發制人」只不過是戰術而已。戰爭史中成為戰爭理由的塞拉耶佛事件（1914年第一次世界大戰的導火線）、七七事變（1937年在中國北京盧溝橋日軍和中國軍發生的衝突事件，後來演變成中日戰爭的導火線）、以色列戰爭中的俘虜事件、地下深處藏匿的化學武器（1990年波斯灣戰爭）、新納粹主義（2022年俄烏戰爭）。這些事情真的能成為戰爭的起因嗎？

然而，奇怪的是，有些事件被拿來作為正當性的藉口。正當性可以壓倒國際輿論，並在戰爭勝負中發揮至關重要的作用，甚至會影響到歷史評價。

一般來說，現代人似乎將正當性視為中世紀的遺物。17世紀滿族征服滿州的時候時，深受理學影響的朝鮮人將明朝與朝鮮關係視為皇帝與諸侯的關係。同時，在理學中皇帝與諸侯就是父親與兒子的關係。因此認為無論從現實面而言清朝有多強大，也不能背叛如父親般的明朝，轉而與清朝結交。結果遭受了二次入侵（1627年丁卯戰爭、1636年丙子戰爭）。

雖然朝鮮人民屈服於力量，但內心始終沒有承認清朝。即使明朝滅亡後，仍舊保持對明朝的尊王義理。雖然現在大多都會為

這種故事感到遺憾，但直到我十多歲（1970年代）的時候，教科書仍在讚揚朝鮮對明朝的忠誠。雖然沒有做過民意調查，但即使現在被問及，當時分裂朝鮮的斥和論（主張要與清朝抗爭）和主和論（主張要與清朝和親），哪一方才是正確的，恐怕會出現許多支持斥和論的人。

難道只有我們是這樣嗎？戰爭中的正當性論是舊時代遺留的退步思想嗎？並不是。就像中東戰爭的例子一樣，至少在戰爭領域中，正當性論比以往更加重要。

這裡有合理的理由。現代社會以民主和公民為基礎。現代國家的軍隊不再是國王的軍隊，而是國家的軍隊、公民的軍隊。民眾的輿論對參戰和戰爭的持續有著決定性作用。

比中東戰爭更為經典的例子是第一次和二次世界大戰。這二場大戰的勝敗決定性關鍵皆在於美國——世界的軍火工廠。在兩次大戰中，取得美國經由橫跨太平洋和大西洋運送軍需物資的國家，最終成為勝利國。

從第一次世界大戰以來，交戰國們都努力拉攏美國加入自己的陣營。美國是由移民組成的國家，雖然現在種族結構和影響力已經大不相同，但當時能左右美國的公民是從西歐移民而來的白人。然而，他們的祖國之間卻發生戰爭。

英國、法國、德國為了拉攏美國站在自己這一邊，展開了宣傳戰。這些宣傳的主題是就是正當性論，而正當性論的素材包括

對平民的屠殺、搶劫、強姦、放火、戰俘殺害等。這種故事與事實誇張地混雜並散播宣傳。到了二戰時，這種宣傳已經達到專業水準，設立了專門的團隊，展開針對全球的宣傳策略。

當然美國會以德國為敵，並不是因為這種宣傳策略的結果。但如果在這場宣傳戰中，德國擁有壓倒性優勢的話，那美國的行動將會十分受到打壓。

正當性對士兵個人的影響

這樣看來正當性論在現代戰爭中，很像尚未被清除的中世紀幽靈，或者像是操縱大眾的結果，然而，事實但並非如此。中世紀時期的正當性論和現代戰爭的正當性論截然不同。雖然提到了宣傳案例，但操縱和煽動並非正當性論的本質。

正當性論在獲得國際合作、同盟和支援方面很重要，同時也在激勵和增強每個士兵的戰鬥意志和奉獻精神上扮演著關鍵角色。參戰意味著是以唯一的生命作為賭注，打仗要求士兵們有超過極限的意志和體力。因此，需要可以說服每個士兵，並且士兵本人也需要有足夠合理的理由。

在過去的戰爭中，多半使用二種不同的藉口。一種以國家、正義、或是神為由的高尚神聖藉口，另一種是以種族、家庭、個

人為由的現實藉口。這二者有時候互相糾結到難以分辨，直到現代也依舊如此。然而，在過去為了提高戰鬥慾望，還會使用更明顯的藉口。例如公開地允許可以獲得戰利品或俘虜、掠奪等勝者權利，或是私下復仇的權利。這樣的藉口一直被祕密使用，甚至一些地區現在仍在使用。然而，現在自許是文明國的國家，不能再為了激發鬥志說出「士兵們，你們眼前是歐洲最豐饒的都市，這裡有著無數的美女。」這類野蠻的話語已不存在。

因此對於每個民主公民來說，一個正當的正義理由變得更加重要。即使這可能會被先前的宣傳活動和形式邏輯汙染。心理學家可能會認為我們明明瞭解這種內幕，仍然會本能地試著自我合理化，這不無可能。現代人可能變得更虛偽，而不是更善良，儘管如此，變化仍然是變化，現實依舊是現實。過去凱撒或拿破崙鼓舞士兵的演說，如今有可能引發公民士兵的集體反抗、拒絕作戰，甚至剝奪指揮官指揮權，這就是我們生活的時代。

說實話我不認為這是現代人的虛偽。即使人類的本質沒有改變，但人類社會的存續和生活方式已經有所改變。文明並不是改變人類本性，而是改進生存方式和人際關係的方法。

另外，在野獸式戰爭論仍占主導地位的時代，人類的靈魂中顯然仍存在崇高的一面。即使在那個時代，仍有許多人以高貴的目的和善意激發戰鬥意志、奉獻生命。本能性的衝動可能會驅使人們立即投入某種事物，但在長期來看，要分析情況並不斷改進

自己，缺少作戰計畫、戰術上動機的戰爭是不可能的。戰爭場面太過現實和原始，並缺乏這樣一種提升，認為這樣的偽善在那樣的情境下是站不住腳的人，是愚蠢的。

眼下我們周圍也很容易看到才華橫溢但道德不足的人沒落。在競爭越激烈的領域，僅僅擁有才能而缺乏美德的人消失得越快、也沒落得越快。此外，雖然戰爭表面上看是骨肉相搏的激烈物理性場面，但實際上是一場真正高超的智力遊戲，而不僅僅是天賦的交鋒場。

我們為什麼要投資股票？
──樹立明確的投資目標

　　我們熟知的投資標的大致可以分為二種：股票和房地產。從我們周遭來看，通常比起股票，透過房地產投資致富的人更為常見。為什麼成功的房地產投資者容易見到，而成功的股票投資者卻較難見到呢？

　　這是因為投資房地產與投資股票的心態不一樣。雖然投資房地產也是為了資產增值，但更多數是為了實際居住的目的。結婚、建立家庭、年老後有自己的居所是房地產投資的首要目標。因為比起買賣房子，實際想居住的目的更強，所以房地產的交易比例相對較低。即使價格下跌，我們仍可以自己居住，或者未來漲價時可以用作退休房產。另外，如果實際居住2年以上，可以免除交易所得稅，即使是擁有多房也可以進行長期租賃業務以獲得稅收減免，透過減稅獲利比直接獲利更大。因此，即使價格波動，持有者也不會太擔心。

　　相比之下，股票投資者的目的僅僅是投資，必須低買高賣才能獲利。長期持有股票並不能減免稅款，只能獲得股息，不像租金收入般穩定，股息收入受企業獲利影響較多，因此難以像退休金般積攢資金。

　　由於房地產需要投入大筆資金，因此人們經過深思熟慮後才購買，價格稍微上漲就可獲得可觀收益。然而，股票投資者通常投入少量資金，因此不必擔心太多。此外，由於需要股價大幅上漲才能獲得預期利潤，因此他們自然會轉向高風險、高收益型投資。小額投資者常問的一個問題是「就算損失全部投資也無所謂，有沒有能賺大錢的地方？」

　　因此，由於開始時就有明顯的結果差異，成功率也明顯不同。像享受安全駕駛的房地產投資者，與像騎摩托車進行特技駕駛的股票投資者相比，股票投資者可能面臨悲劇收場的風險更高。雖然短期內可能感覺高回報令人心動，但隨之而來的風險也同樣存在。

　　如果沒有建立正確股票投資的目的，股票投資者自然轉向高回報、高風險的投資。在進行高回報投資時，大腦會釋放多巴胺，感受到興奮，一旦成癮，對於穩定的股票投資便感到無趣和乏味。因此，從一開始就應該明確股票投資的目標和原則。

　　應該把投資股票的目標，專注在為退休做準備。如果長期獲得穩定回報，資產將像雪球般不斷增長。然而，如果想在短期內致富，就必須進行接近賭博的投資，賭博會隨著次數增加而讓「賭場」占上風。在股票市場上，應長期投資於最有把握的機會上，投資者才能逐漸獲利。

實際的目標是最高年報酬率15%

　　大多數股票投資者懷抱著短期以少量資金快速致富的幻想進入市場。首先要消除這種幻想,我們需要根據現實來調整我們對於股票投資所期望的報酬率。

　　如果享受安全投資,最好不要設定預期報酬率高於10%。存款利率為年率3%,債券也差不多。因此,10%已經是相當可觀的報酬率。即使是透過房地產出租,也難以實現年10%的報酬率。

　　然而,人們卻只期待股票投資能有高報酬率。過去,巴菲特和彼得‧林區的年平均報酬率接近30%。這是因為當時全球經濟高速增長所致,現在很難有那種高成長,從巴菲特最近十年的報酬率來看,年報酬率僅為13%。我們的資訊能力和投資實力都不如他,卻還希望有更好的報酬率。

　　不是特別的極少數,而是多數人可以期待股票投資的實際目標報酬率最高為年15%。以2021年年底為基準,當時S&P 500指數的十年平均報酬率(包括股息)為年15%。像好市多和星巴克這樣品牌價值高且持續穩定表現的公司,股價年平均增長率也大約在年率5%左右。

　　巴菲特要求妻子在自己去世後不要直接投資股票,而是應該購買追蹤S&P 500指數的ETF。我們需要深入思考這句話。比

起美國500家最優秀企業的平均報酬率，我們居然還認為能長期獲得更高的超額收益，這個想法非常的自大。

用十年、二十年投資

　　讓我們將投資股票的目標設定為十年以上。以年率15%的報酬率，十年後將從1億增長至4億。二十年後將達到16億，30年後將達到64億。美國普遍的通貨膨脹率約為年2%，而通脹嚴重的2022年為8%，所以年報酬率15%是能擊敗通貨膨脹的投資。以年2%的計算，三十年後1億變為約2億；若以年15%的計算，三十年後1億會變成64億。據說養老所需的錢，除了我們現有的住房外，一般擁有約10億韓元就足夠退休所需。因此，只需投資二十年左右，將1億增長為16億就能準備好度過老年生活。

　　然而，人們不會想著要花十年、二十年投資，而是希望立即在明年變得富有。這種心態更像賭博，而不是投資。期望投資具有賭博式的報酬率本身就是設定錯投資目標。

　　不要好高騖遠，根據實際計算退休養老需要多少錢、剩餘時間以及起始資金，並追求最安全的報酬率進行投資，就很有機會可以為未來的退休資金做好準備。

我的投資筆記

情況

不要專注於數字,而是專注於現場

不能只相信財務
報表的理由

我們經常看到在戰爭中,壓倒性的軍力和新武器卻最終戰敗的情況。
這些情況通常是因為未能預先準備好即將發生的未知局勢所導致的。
在股市中,當所有指標看似良好、預測結果也很樂觀時,卻出現股價
暴跌。這種情況的原因很明顯,因為高漲之後勢必會下跌。我們要知
道指標是根據過去所判斷的,並沒辦法準確地預知未來,所以投資者
不應盲目相信指標。

「讓大壩潰堤的是一個小洞。」

這是著名的格言。而亞歷山大大帝曾說：「戰爭是混亂的。」打仗就是在混亂中尋找並摧毀敵人的弱點，這就是名將們的戰鬥技巧。為了擊垮敵人，找到並利用弱點，不能僅僅透過避免損失和判斷錯誤來完成。真正的名將會以事先累積的資訊開戰，但這並不止於此。他們不會尋找安全可靠的迂迴路線，而是在開打後掀起戰爭迷霧，從中施展出堅定而明智的決勝手段。最終，在無法100%預測誰會勝利、無法確定結局的混亂狀況中，找到並利用小洞讓大壩潰堤的人，就能獲勝。

天才戰略家的驚人計畫

美國南北戰爭初期，北軍總司令是喬治・B・麥克萊倫（George Brinton McClellan，1826～1885年）。他出身於費城名門世家，是一位在戰爭開始前就聲名遠播的軍人，他的父親曾請求總統，讓他還未達入學年齡就進入西點軍校。雖然以全校第二名畢業，但在專為軍人開設的科目中，他排名第一。

從他的照片中，就能強烈感受到他的野心和聰明才智。實際上也確實如此。他雖然在墨西哥戰爭（1846～1848年）擔任野戰指揮官，但表現並沒有太出色。不是因為他缺乏勇氣和能力，而

是因為他更適合擔任戰術家和行政家。在這方面他是大家公認最優秀的專家。

南北戰爭爆發時，麥克萊倫相信自己將成為這場戰爭的勝利者。這位野心家認為林肯總統對軍隊和戰爭一點也不懂，因此他決定幫助可憐的林肯總統。在確保勝利後，他甚至認為自己將會成為總統，實際上，他後來也真的參加總統選舉，但最終落選。

懷著對結束南北戰爭和成為總統的野心，他所制定的作戰計畫就是半島會戰（Peninsula Campaign，1862年）。作為一位天才戰略家，他意識到傳統步兵對決只會造成大量人員傷亡，並很難分出勝負。因此，他提出繞過敵人防線攻打要害的策略。利用北軍的海軍從海上輸送軍隊後，在里奇蒙以南，即現在美軍海軍基地所在的諾福克附近登陸。透過海軍運輸約12萬名士兵、大砲、軍需物資以及15,000匹馬匹和騾子，然後沿著海岸線北上，包圍里奇蒙。

單純從策略觀點來看，半島會戰是南北戰爭中最華麗、最宏偉和最驚人的計畫。但是考慮到當時的技術、交通工具等，從理念的角度來看，這樣一個龐大的兵力和軍需品的組織和調動能力難以想象。在這一點上來說，麥克萊倫無疑是一位天才。

結果是半島會戰以大慘案而告終。麥克萊倫認為作戰會失敗不是自己的錯，而是因為包括林肯在內的華盛頓政治家不懂戰爭，而且畏首畏尾。如果將全部兵力派到里奇蒙南部，華盛頓和

里奇蒙之間將只剩下南軍。林肯非常震驚，認為至少應該把5～6萬兵力留在華盛頓做防禦。麥克萊倫則認為如果把那些兵力也交給自己，半島會戰勢必能成功。

說不定真的會是這樣。但這個想法正是造成麥克萊倫失敗的原因，因為他只靠兵力和地圖打仗。麥克萊倫不愧是天才參謀，準確預測攻擊和防禦所需的兵力，分析戰鬥數據和戰場，如果兵力不足以擊倒防禦軍，就設計大膽的迂迴作戰，以超越防守軍力，這可能是他的強項。

接受不確定性

他的計算是準確的，却存在著遺漏的變數。那就是指揮官的應對能力、勇氣和戰鬥的不確定性。他忽略了透過戰場中的行動來創造局勢，分析敵人並找到取勝之道的過程。他追求戰術上如電影中所見的勝利，卻忽略了戰鬥前後的情況，缺乏汗水、血液、戰術性勝利和動盪。他的戰略從一個命題開始，然後以明確結論作結的紙上談兵。例如他的主張是：「北軍的兵力、軍需、財力方面優勢明顯。如果有效指揮和派遣兵力，在所有接點（與南軍的戰術衝突地點）上保持人數和物資優勢。」

根據麥克萊倫的信念，他的士兵和牲畜拖著疲憊的腿和野戰

砲行動。他設定當戰況不佳時投入更多兵力和砲彈的地點，並將
兵力集中到那裡。可憐的北軍在敵人的後方來回奔波，軍需支援
部隊使出渾身解數在泥濘中拉著拖車追趕步兵。與此同時，南軍
動員兵力重新構築防線等待北軍到來。當他發現這一事實時，麥
克萊倫再次檢查地圖，並畫出新的移動路線。

半島會戰是一場巨型的戰爭，包括幾場大規模戰鬥，所以如
此簡單的說明並不全面。只是如果從戰略觀點來看，解釋天才參
謀的錯誤應該著重在以下方面：不管是哪個偉大的指揮官也無法
完全掌握戰爭變數並準確預測情況，達成100%勝率、100%命中
率。

其實很多指揮官像麥克萊倫一樣，在制定戰略的階段，執著
於兵力，執著於安全、明確、能正大光明獲得勝利的戰局。他們
只喜歡像數字一樣明確的指標，不喜歡看不見的指標、不確定性
和會劇烈變化的變數。研究戰爭史時，發現許多指揮官在實戰中
往往無法適應多變的現況，過度依賴資料。

為了能更準確地說明，我要講一個我在當兵時經歷的一件超
級單純的案例。當時我們部隊搬家，軍營正在施工。雖然建築工
程交給專業公司負責，但是出入口和排水工程等則是派出士兵們
處理。工程進度十分緩慢。一位副師長非常憤怒，於是去質問師
參謀為何工程沒有按計畫進行？我碰巧目睹了那一幕。平時就很
熱血的副師長氣到滿臉通紅，而少校參謀非常冷靜。他平靜地展

開圖表，帶著一抹淺淺地微笑開始一步一步說明。

「工程總共需要**人。但由於種種原因，所以人力動員不順利。到目前為止，派出的人數是**人，是需求人數的**%，因此工程只完成了計畫的**%。」

看著參謀泰然自若地說明，連我都感到十分不安。我當時只聽到這裡，後來偶然聽說那位參謀被叫到師長室受到嚴厲譴責。

當時我只是拿著鐵鍬鏟土的普通士兵，內心雖然有些不悅，但只是視為一個笑話笑過而已。二十年後，當我開始研究戰爭史，驚訝地發現實戰中，也常發生只盲信數字和資料，對於不確定性卻一點都沒有準備的情況。

相信數字優勢的格奈烏斯・龐貝

現在，讓我們來談論一個脫離危機的聰明例子。他是一位家喻戶曉的人物，那就是凱薩大帝。在一場從客觀角度來看100%會失敗的戰爭中，他卻可以完美地讓敵人陷入不確定性中，然後奇蹟似地擺脫危機。他怎麼做到的呢？

B.C. 48年8月9日，在希臘中部城市法薩盧斯的郊外，被精銳羅馬軍團分為東西二路包夾。他們的心情非常複雜，他們曾是同胞，有些還是在高盧並肩作戰過好幾年的戰友。有些士兵們無法

相信自己即將面臨決戰的事實。連進攻號角響起的瞬間,還有不少士兵祈禱指揮部能達成戲劇性妥協和並下達停止戰鬥的指示。

然而,恐懼可能支配著更多士兵的情緒。對手不是那些野蠻且裝備低劣的高盧戰士,也不是薩丁尼亞的海賊或是北非的傭兵,而是跟他們一樣,懂戰術有裝備,經歷過無數場戰爭的職業軍人與老將。帶領二軍的總司令皆被稱為羅馬最優秀的指揮官,格奈烏斯・龐貝(Gnaeus Pompeius Magnus,B.C. 106~B.C. 48年)與凱撒。

這二支軍隊若交戰,誰會勝出呢?抑或有辦法分出高下嗎?一場難分難解的激戰即將展開,這個平原將會被曾支配世界的偉大士兵們的鮮血與亡靈給填滿。根據軍力來看,龐貝所率領的軍隊編制為6萬名主力步兵、4,200名輔助兵以及7,000名騎兵,似乎是龐貝軍隊占上風。

反觀,凱撒僅有22,000名士兵,分布在4個軍團中的騎兵僅有1,000名。其輔助部隊數量雖多,約在5,000~10,000人之間。然而,即便將這些人數加總至與軍團部隊合併,依舊不及龐貝軍團的一半。但是凱撒這邊實戰經驗更豐富,大部分的士兵都在高盧長期累積了經驗。但是凱撒的高盧軍團中有二個軍團加入了龐貝的陣營。特別是從B.C. 58~B.C. 51年高盧戰爭期間,一直身為凱撒副將的提圖斯・拉比埃努斯(Titus Labienus,B.C. 100~B.C. 45年)倒戈到龐貝陣營。他主動請纓指揮騎兵,打算一開打就帶著

優秀的騎兵，橫掃凱撒的陣營。

　　戰鬥前一天，龐貝確信且保證能獲勝，他計畫採用眾所周知的戰術來作戰。當面對相同兵力、尤其是騎兵數量遠多於對方7倍的情況下，如果同樣採取熟悉的戰術，無疑他們必定能取得勝利。這熟悉戰術就是典型的「錘砧戰術」，當戰鬥開始，步兵會前進碰撞敵對步兵。他們只要打平或是拖延時間就可以，在兵力超過2倍的情況下，要拖延時間綽綽有餘。同時，將壓倒性優勢的7,000名騎兵放在左翼，導致凱撒的騎兵被驅逐，然後進入步兵後方。當提圖斯的騎兵開始從後方攻擊凱撒步兵團，他們就會崩潰。此時，那60,000名步兵團再從兩翼展開前進包夾並殲滅凱撒軍。這場戰鬥是絕對不會失敗的一場仗，龐貝將打垮凱撒並成為羅馬的第一把交椅。

專注於現場狀況而非數字的凱撒

　　這是開戰前一天，8月8日。隔天，戰鬥正式展開。如同龐貝相信數字優勢，凱撒也明白自己軍團人數處於弱勢。如果用一樣的方式，兵力比較弱的一方註定會輸。所以凱撒沒有選擇一樣的戰術，而是提出一個羅馬軍沒有使用過的戰術。凱撒從各個軍團中選出一個營的優秀老兵，每軍團編成一支特種部隊，共計6支特

種部隊。雖然我們無法準確得知他實際使用什麼方法，凱撒讓他們當抵擋騎兵的鐵壁。關於騎兵與步兵的戰鬥，有一個古老的傳說，如果步兵以長矛和盾牌形成荊棘和鐵的屏障，如果挺住的話騎兵就無法衝破。當時的騎兵還未使用馬鐙，所以無法像中世紀騎兵那樣使用長騎槍撞擊步兵陣。然而，當騎兵衝鋒時，即使是勇敢站穩，堅決抵擋的步兵也難以抵擋。

　　凱撒挑戰了這種類似膽小鬼賽局的傳說。選拔忠誠老練的士兵，告訴他們，他們將會成為決定當天勝負的英雄。戰爭一開始，龐貝的7,000名騎兵朝著勝利的方向猛攻。一開始他們輕鬆地擊退凱撒的騎兵，但其實這在凱撒策略中是為了消耗對手的體力。當他們擊退騎兵並準備衝進凱撒步兵陣線時，6支特種部隊從後方衝出阻擋了騎兵。不僅阻擋成功，甚至還對其發動了攻擊。龐貝的騎兵開始撤退時，緊跟在騎兵後面的弓兵手們便處於無防禦狀態。凱撒的特種部隊抓住機會將他們一網打盡。

　　雖然步兵戰仍處於混戰狀態，但隨著龐貝的騎兵和弓兵敗退，龐貝軍的左翼變得空蕩蕩。這時候士兵們應該已經疲憊不堪，但是凱撒經驗豐富的特種部隊領悟到他們取得勝利的時刻來臨。他們立即攻進龐貝步兵團的左翼，凱撒的步兵們以不屈不撓的鬥志和全身投入，完成了當初提圖斯想用騎兵團對付凱撒步兵團的策略。

　　這時凱撒向戰鬥中的步兵隊第3排，也就是由老兵組成的第3

排士兵下達了衝鋒的命令。這些士兵們一直看著當初從自己團隊中選出之特種部隊的卓越表現。當凱撒下達衝鋒命令時，激起他們的憤怒和競爭心，他們彷彿要彌補之前被忽視的尊嚴，對龐貝的步兵發出猛攻。那天展現了士兵之間的不同，顯示出凱撒的部隊氣勢如虹，龐貝的步兵開始崩潰、逃跑。

龐貝軍陣亡人數有6,000～15,000人，其餘士兵大部分投降了。據說凱撒軍陣亡人數只有200人。龐貝雖然成功逃脫，但是這場大敗後卻很難東山再起，他後來在逃亡至埃及時被殺害。

看來不需要進一步的解釋了。儘管同為羅馬軍團，但一支軍隊盲目依賴兵力這個數字，另一方則專注於戰場情況，結合資深士兵的戰鬥意志和能力，以及戰場心理等素質，採取具有創造性的戰術應對，造就出這二支軍隊之間的明顯差異。

為何垃圾股常上漲，但是績優股卻不漲？
——不能只相信財務報表的理由

投資者常犯的一個錯誤是試圖預測股價。眾所周知，股價取決於供需交集點。這意味著股價不僅基於個別公司的客觀增長趨勢，還反映了市場參與者的主觀心理。因此，即使存在著極佳的成長條件，也有一些公司的股價無法上漲。有時候甚至明明從財務報表來看，銷售、利潤、資本、事業比例、利潤增長率、殖利率等，該企業各方面條件都很完美，其股價也可能暴跌。為什麼會出現這種現象，很多專家對於這種現象的原因往往只給出一個基本分析，認為只是需求和供應方對其不感興趣。這就是股市的本質。

如果只靠數據分析股票，你將發現有許多好公司。一般教授股票資訊的人和學習者都很喜歡PER（本益比）、PBR（股價淨值比）、ROE（股東權益報酬率）、成長率、EV/EBITDA（企業價值倍數，將企業市場價值（EV）/稅前息前折舊攤銷前利潤（EBITDA））、配息率等，這些可以準確用數據表示的指標。當說「這個企業的PER是5倍，非常便宜吧。」投資者們就會點頭表示同意。因此，當資料顯示一家公司是完美的並得到推薦時，無論推薦者或接受者都會認同它是檔好股票。

問題在於股價會不會上漲與這種技術分析是兩碼事。雖然

武器好、訓練有素的軍隊看起來很會打仗，可實戰卻是另一回事。觀察股市中股價上升的股票，你會發現財務報表的數字並不漂亮，許多公司在數字上可能處於不佳狀態。投資者經常面臨投資理念動搖的同時，還問道：「為什麼垃圾股更會漲，績優股卻不漲？」並感到憤怒。

股市實際運作的方式和我們學到的背道而馳

剛開始學習股票時，人們會藉由財務報表、景氣指標、物價、匯率、油價等學習股市上下波動。例如，教科書般的説法，如果油價下降，利潤就會變好，企業的股價就會上漲。如果匯率上漲，出口就會有利，企業的股價就會上漲。但實際上這種情況不常發生。反倒是，雖然油價上漲將推升成本但是由於經濟轉好，股價跟著上漲的情況更常見，韓國綜合股價指數在匯率下降時反而更常上漲。

投資者們經常犯的錯誤是誤以為市盈率（PER）低的企業是安全的。市盈率是股價除以每股盈餘，表示在幾年內是否能撈回本金。例如類似特斯拉這樣的企業市盈率是100倍，銀行的股票是4倍。以特斯拉目前的淨利潤賺一百年才能回本，而期待報酬率為1%，反觀銀行四年就能回本，所以期待報酬率為

25%。那麼銀行股更便宜，是不是很有魅力呢？

　　但是市盈率只是顯示過去的指標，並不代表未來。如果特斯拉的利潤每年增加2倍，會怎麼樣呢？第二年的市盈率是50倍，再下一年是25倍，再來是12.5倍，最後為6.25倍。

　　相反地，如果每年銀行的利潤都下降一半，第二年的市盈率是8倍，再下一年是16倍，再來會變成32倍。我們試著用過去的數據來判斷現在的市場，但是股價反映了對未來的期待。想要用過去的指標評價對未來的期待值，就會出現跟市盈率定義背道而馳的現象。因此投資者應該推算未來的利益，算出未來的市盈率。但是計算未來的利潤這件事情並不容易，因此這個變數較小的企業可以說是較適合投資的企業。

指標指的是過去，錢則指向未來

　　在進行股票投資時，有時會遇到難以理解的情況。例如，在經濟處於最糟糕的情況或似乎全球經濟即將崩潰的情況下，股市卻出現上漲。即使新聞和大眾都感到恐懼，股市為何仍然上漲呢？

　　股市中最危險的時刻是當所有人都提出樂觀的展望時。即使企業利潤增加、貿易順差良好、消費活躍、就業市場也很

好，但也從這時開始股市會逐漸下滑，是最可怕的時刻。因為當大家都說很好時，實際上股市失去了動力開始下跌。

緊接著人們開始注意負面訊息。明明從以前就有人擔憂警告，但當股價不再上漲而是反轉下跌時，人們才開始想知道原因。然而，他們仍然相信經濟指標仍然良好而繼續投資，隨後，發生一場嚴重危機，股市大幅下跌，接著指標也惡化。

換句話說，指標顯示的是過去而不是未來的訊號。即使是被認為可以預測未來的製造業採購經理人指數（PMI），也不過是企業採購經理人對未來前景問卷調查的結果。他們僅是根據現在的氛圍來預測未來，甚至連下個月準確的前景都不知道。換句話說，不存在能夠準確預測未來的指標。

指標指的是過去，錢則指向未來。覺得現在指標好，所以可以投資，其實只不過是因為過去指標好，所以也期待未來會很好而已。要知道景氣的好壞會反覆，在指標良好的時候，先為未來的下跌做好準備；要著眼於實際情況而非數字：不應僅相信財務報表。

經驗

經驗為什麼能成為實力？

抓住十年一輪的機會

在戰爭中的經驗非常重要。戰術可以在實戰經驗不足的情況下學習，然而，在「戰爭迷霧」和壓力所造成的混亂，從中找到適當的應對方式，這種能力是無法在沒有經驗的情況下掌握的。好景氣和不景氣約每十年為一輪，這種循環被稱為朱格拉循環，長期來看，股市在「朱格拉循環」中成長。這句話意味著，在職業生涯三十年中，我們將遇到約三次重大機遇。經驗豐富的投資者將更有機會在實際經驗中展現投資洞察力。

人類之所以能夠成為萬物的主宰，並取得迅速的進步，關鍵在於我們能運用語言和文字將他人經驗變成自己的資產，經濟發展也是如此。我們透過交換利用和擴張他人積累的財富、技術和商品，戰爭亦然。在戰爭中，那些能夠迅速獲取並運用自己和他人經驗的人，才能在戰爭中取得勝利。

被巴頓和麥克阿瑟的名聲所掩蓋的二把手

位於首爾峨嵯山附近的華克山莊酒店，是為了紀念韓戰當時擔任美軍第8軍總司令，因交通事故殉職的沃爾頓·哈里斯·華克中將（Walton Harris Walker，1889～1950年），所以將酒店以他的名字來命名，稱為「華克山莊」（Grand Walkerhill Hotel）。華克在二戰和韓戰中立下赫赫的戰功。看到他的外表，會讓人聯想到鬥牛犬，他的綽號也正是鬥牛犬。儘管他是一位擁有堅定意志、決心和強大精神力量的指揮官，但與外表相比，他更是一位細膩且擁有優秀判斷力和戰術智慧的軍人。

偏偏他的直屬上司是巴頓和麥克阿瑟，這使得他在媒體中沒有得到應有的關注。出乎意料的是，無論是在軍隊還是記者之間，他的真面目和能力似乎都鮮為人知。最重要的是，華克本人並不是熱衷宣傳自己。但即使他熱衷於此，由於他耀眼的直屬上

司，恐怕也很難被看到。

　　但如果華克不是因為事故死亡，相信即使晚一點他也能晉升為參謀總長或其他高階職位，並因此被認可他的貢獻和才能，重新獲得對過去成就的肯定。

華克的第一次失敗

　　華克從1940年美國登陸北非開始就在巴頓的麾下活躍。因為備受巴頓喜愛，他在1940～1942年間，非常快速地從營長晉升為軍團指揮官。

　　巴頓在諾曼第登陸後率領第3軍向德國進攻時，受到媒體的極大關注。第3軍的進攻速度經常像體育選手刷新紀錄一樣被大肆報導。他們最終成為聯軍中率先抵達萊茵河的部隊。這時帶領第3軍快速進攻的部隊正是華克的第20軍團。他被稱為「小巴頓」（Little Patton），是巴頓最信任的軍團指揮官，也是他的學生。

　　戰勢一度看漲的華克，卻遭遇一場意想不到的失敗，而且還是第二次世界大戰中令聯軍難堪的可恥事件。

　　1944年9月中旬，華克計畫先打下法國亞爾薩斯-洛林地區的邊境城市且身為歷史要塞的梅斯，隨即進入德國法蘭克福。梅斯，自古就是往返德法二國的必經之地，由於其戰略重要性，

數個世紀以來一直是一座難攻克的要塞城市。這座城市是由路易十四時代的要塞設計師沃邦伯爵（Seigneur de Vauban，1633～1707年）的要塞傑作之一。在普魯士1870～1871年的普法戰爭戰勝後，掌握了亞爾薩斯-洛林地區。

　　原來第20軍團的進攻計畫是繞過梅斯，但是華克突然下令要調集營的兵力占領梅斯。這座從遠處看，只能看到17世紀風格的優雅城牆，美軍低估這座要塞的威力。首日進攻就以慘敗告終。這座優雅的城牆是多麼堅固，使用可以形成直徑50公尺坑洞、並擊碎坦克的M114 155公釐榴彈砲，直對著城牆發射也無法破壞。

　　不僅僅是城牆，內部也用堅固而複雜的隧道、碉堡（用水泥、泥土袋等東西，疊出來的堅固射擊陣地）牢牢地武裝起來。師長主張繞過比較好，巴頓也同意，但「鬥牛犬」華克拒絕了。他認為如果指揮官們奮力推進，就可以占領梅斯。

　　巴頓部隊的優勢在於快速、冷靜地掌握現場。被稱為「巴頓的追隨者」的華克在前線總是親自察看情況。在韓戰中最危險的洛東江戰役時，華克乘坐單引擎小型飛機，比營和連指揮官們都更靠近前線，以瞭解情勢並下達指令。

　　然而，在梅斯，他似乎有些受阻。華克似乎完全忘記了裝甲部隊的靈活戰術和心態一樣，執著於梅斯這個要塞。他停下裝甲部隊，讓步兵提供火力支援，並讓步兵前進包圍要塞。巴頓的裝甲指揮官們經常開玩笑稱這種戰鬥方式為「典型的步兵」、「優

秀的步兵」戰術。

華克動員整個第20軍團開始進攻梅斯，經過二次進攻失敗後，巴頓也被激怒了。此後，戰爭史學者們給予此次戰鬥的評價是，看著這種人海戰術風的威嚇式攻擊戰術，華克似乎忘記了過去所學到的所有教訓。雖然梅斯一直堅持到11月中旬才失守，巴頓的進攻卻推遲了三個月，犧牲的美軍士兵更是多到無法用言語形容的。又後來才知道一件更令人痛心的事情，出動整個軍團兵力攻擊的這座城市，他們的守備隊只不過是包括老人和少年在內的三線後備部隊。

巴頓說梅斯戰役是他第一次戰敗，對華克來說也一樣。不，更確切地說，發動和指揮這場仗的華克，需負更大的責任。

韓戰洛東江防禦戰

當華克作為美軍第8軍司令官參加韓戰時，洛東江戰線處於極度危機之中。在五年前經歷了二戰，積累了豐富的實戰經驗，被稱為世界最強軍隊的美軍，卻陷入了毫無頭緒的困境，不知道如何應對這個亞洲小國的軍隊。

所謂最強軍隊只不過是虛有其表和過往經歷而已，在韓戰初期，他們被派到洛東江戰線時的狀態非常不理想。他們在戰爭爆

發前駐紮在日本，比起訓練他們更注重如何把自己打扮得光鮮亮麗，在日本城市夜生活中度過，而非進行訓練。據說當時派駐在全球的美軍士兵們，都羨慕在日本服役的生活。

士兵們自身的能力非常差，連分解和整頓槍支都做不好。甚至沒有接受過以連隊以上為單位的機動訓練，根據作戰計畫實際調動、部署人力、裝備和物資等。更嚴重的問題在於軍官們，美軍認為東亞地區暫時不會有戰爭，為了管理軍官們的經歷，派遣到第8軍的軍官，幾乎都沒有擔任過實戰指揮。

相反地，北韓軍接受了良好的訓練。面對北韓軍強大的攻勢，被逼到洛東江的美軍不僅缺乏兵力和武器，連戰鬥能力都是難以想像的差勁。華克將包括韓國軍在內的所有可用資源全部運送到江邊，艱難地建立起洛東江防線。士兵們形容這種情況為「華克的防線，簡直薄如紙。」只要有一個地方被擊破，戰爭就會結束。

由於幾乎沒有可用的預備部隊，華克每天都要預測第二天的戰鬥，而他最多只能派遣唯一的預備部隊到被認為最危險的地區。

讓華克感到更辛苦的是周圍那些無能的指揮官們，當他搭乘小型飛機在空中俯視戰場時，親眼看到美軍部隊在沒有進行預先偵察的情況下，愚蠢地走進敵軍設下的埋伏區，還看到他們錯誤地判斷地形，將防線設定在敵軍攻擊方向之外的錯誤地點。

當他下飛機跟師團長、營長談過後才發現,他們作為指揮官在許多情況下都不知所措。他們缺乏瞭解自己部隊部署情況、不清楚應該將部隊派往何處的知識。

在這種情況下,即使憤怒和威脅指揮官都不奇怪,但是華克卻保持冷靜。在一分一秒都很重要的情況下,他沒有情緒激動,並在有限的時間內盡量冷靜、快速地說明戰術原理,指示指揮官們應該要做什麼事。

當夜晚來臨,回到司令部後,華克再次分析整體情形,並決定包括預備隊在內的命運。當時在他身邊的人,都被他的判斷能力還有高水準的戰術理解印象深刻。

華克驚險地守住了洛東江防線。雖然他未能獲得耀眼的名聲,但是在洛東江防禦戰中,他準確的判斷力和沉穩受到高度肯定,甚至被收錄在美軍戰術課本中。

華克在戰場上讀書的理由

聽說即使在緊迫的情況下,華克每天睡覺前一定會閱讀巴頓留下的手札。巴頓的手札,聽說是紀錄二戰經驗與戰爭的《我所知道的戰爭》(*War as I Knew It*)。巴頓在終戰後,不幸因交通事故死亡,因此沒能留下自己的回憶錄或是系統性整理戰術教

義。《我所知道的戰爭》被認為是巴頓為了未來寫回憶錄而簡短整理成日記形式的文章。由於這個原因，這本書的內容並不深奧。對華克這等級的指揮官而言，似乎更加沒有可以學到的內容，但是為什麼華克每天都讀這本書呢？

由於華克曾跟巴頓一起工作，即使在巴頓的簡短文字中，華克也可能看到許多東西。然而我猜華克真正想看的不是戰術，而是在戰場上因為緊張、壓力大，情緒控制失敗導致判斷錯誤的經驗吧？或許他想回顧當時的憤怒、荒謬錯誤和疏忽，並追求每天面對危機時做出正確選擇的決心。

在戰爭中的經驗非常重要。然而，人們傾向將戰爭經驗僅視為戰術教訓。戰術是可以在沒有實戰經驗情況下學習的，但在戰場的迷霧和壓力下經歷混亂，能找到適當應對方法的能力，如果沒有親自體驗是無法學習到的。

在這個時候，最重要的是關於失敗和戰敗記憶。人們不喜歡面對戰敗的記憶。在緊張狀態下，戰敗和失敗的記憶會使人身心癱瘓，且有可能讓人們做錯更多選擇，這也是因為缺乏回想、克服戰敗的經驗。一位真正的指揮官甚至要能記住做錯選擇、失敗那時的情緒，並戰勝它，至少華克沒有重蹈梅斯的失敗之覆。

投資股票越早越好——機會十年一輪

　　股票菜鳥最常問的問題之一就是：「什麼時候開始投資股票比較好？」我總是回答：「越早越好。」為什麼呢？比起賺錢，更重要的是獲得經驗。反正社會新鮮人初期投資金額比較少，即使報酬率高，也沒辦法賺大錢。此時比起投資成功，更重要的是獲得經驗。

　　把時間拉長來看，股市會持續增長。無論是韓國、美國、中國股市，從三十年、五十年期來看的確都呈現穩步增長的趨勢。大部分國家的GDP，除了遇到新冠疫情這類危機，都是處於持續成長的狀態，物價也逐漸上漲，資產和商品價格上揚，企業股價也隨之上漲。然而，仔細看會發現，根據「朱格拉循環」（Juglar cycle），景氣大好和大壞約以十年為周期。根據「基欽周期」（Kitchin Cycles）每隔四十個月會出現小繁榮和小衰退。那麼，在三十年的職業生涯中，你將有三次重大機會，分別是二十多歲、三十多歲和四十多歲，即每十年將有三次合適的機會。

　　如果越早開始投資，你將能夠有多次體驗這樣的大繁榮市場。這將使你能夠在下一波繁榮市場中調整投資策略，以獲得報酬。由於大多數人無法在股票投資上花費太多錢，因此如果他們只能抓住一次重要機會，就成為有錢人。當別人抓住一次

機會時，我必須抓住2次機會才能實現「財富超越」，如果想達成這個目標，就需要盡快開始投資，以獲得更多機會。

然而，最好不要一開始就投入大筆資金，而是逐步增加金額才是上策。如果你是二十多歲，從10萬元開始，再慢慢增加到15萬元、30萬元。這樣就可以避免在變動性高的股市中感到困惑和迷失。

年輕的時候賠錢也沒關係的原因

在戰爭中，不僅贏得勝利很重要，輸掉也同樣重要。如果在戰鬥中失敗，就應該分析失敗的原因，並改進策略以避免下次再次失敗。沒有這種準備的人往往在重大戰役中全軍覆沒。在投資世界中，即使贏了100次，如果最後一次發生重大損失，也可能導致破產。例如即使在二十多歲失去30萬元，也不會無法東山再起，可以藉此修正錯誤的投資方法，這樣將來可能會有更大的成功機會。但如果在五十多歲失去1,200萬，那想要再籌集同樣的資金會非常困難，且僵化的投資習慣也很難改變。這也就是為什麼在年輕時賠錢、進步、修正策略，會比賺到錢更幸運的原因。

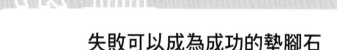

失敗可以成為成功的墊腳石

　　雖然巴菲特看起來總是能投資成功，但其實他也有許多失敗。在新冠疫情之前，巴菲特預測今後頁岩氣生產和航空需求會增加，因此大量買入石油股和航空股。新冠疫情危機導致股價大幅下跌，巴菲特拋售了這些股票。不久後，股價又出現反彈，特別是航空股已恢復到之前的價位。如果當時巴菲特沒有賣出這些股票，而是靜靜等待，他可能不會蒙受損失。

　　以石油股為例，巴菲特買在高點，賣在低點，超過一年後以比自己出售時高出一倍的價格再次買入。不久後，通膨加劇，油價漲到超過每桶120美元，石油公司開始獲利，投資的石油股價上升到了新冠疫情前的高點。如果巴菲特當時持有這些股票而非出售，就可以獲得高額利潤，但是他為什麼出售呢？當時不知道新冠疫情會將全球經濟破壞到什麼程度，還有無法預測什麼時候會結束。尤其是油價下跌到負值，受創的美國頁岩氣公司也在增加。當時決定盡快出售股票可能是明智的判斷。然而，一年後經濟復甦，環保風潮興起。油價上漲但由於環保限制，石油公司無法進行額外開採。需求增加，但由於無法擴大供應，油價漲得比新冠疫情之前還高。巴菲特察覺到這種情況，所以重新買入石油股，因為當時和現在的情況已經不同。

　　大多數投資者對於給自己帶來巨大損失的股票通常不做任何改變。在眾多股票中，他們會保留對帶來好回憶的股票投資，而嘗試忘記給予損失的股票。然而，巴菲特透過對失敗進行分析後，做出重新投資的決定，事實上當油價上漲時，透過投資石油股成功挽回了損失。

　　巴菲特在過去八十多年的投資中經歷了許多成功和失敗。在克服石油危機、停滯性通貨膨脹、黑色星期一、網路泡沫、雷曼兄弟事件等重大危機的過程中，他變得更加靈活。由於這些經歷，他能夠修正自己的失敗，補強自己的弱點。

　　投資者透過成功和失敗的重複過程變得更加堅強是重要的。對大多數小型投資者來說最終目的是舒適的退休生活，而不僅僅是高回報或短期成功。因此從長遠來看，失敗可以成為成功的墊腳石。

風險

拿破崙沒落的原因

擺脫勝利者詛咒的方法

若想在戰爭中取得勝利並存活下來，重要的是知道撤退的時機。如果不知道什麼時候該撤退，可能會陷入比一次性大敗更深的泥潭。在企業收購中也有一個說法叫「勝利者的詛咒」。這是指收購比自身規模更大的企業後，面臨資金危機再次出售該企業時，導致原來的企業也陷入財務困難。如果不想投資失敗，一定要密切注意企業收購這情況。

　　年輕而勇敢的將領深入敵陣，卻因退路被封而白白陣亡的案例在戰鬥中層出不窮。因此，在戰爭中獲勝並活下來，懂得何時停止和撤退是至關重要的。在戰爭中，也存在著無法脫身的戰爭，例如普丁對烏克蘭的侵略便是如此。

　　如果不知道何時停下並撤退，可能會陷入比一次性大敗更深的泥潭和長期損失。要讓將領在戰鬥中知道何時撤退，就不能只專注於眼前的狀況，應該拓寬視野，保持警惕。戰爭的泥沼常常是由於錯誤的戰略目標或誤判情勢所引起的。這二者的共同之處是執著。即使理智判斷，執著也會成為抓住情感的束縛。

對拿破崙造成長期傷害的半島戰爭

　　如果要提到導致拿破崙滅亡的事件，大多數人會提到1812年拿破崙入侵俄羅斯帝國失敗的例子。雖然這次失敗對拿破崙造成致命打擊，但導致拿破崙滅亡的另一場持續而長期影響的戰爭是半島戰爭。

　　我們可以這樣比喻俄法戰爭和半島戰爭。某戰艦在戰鬥中正中敵人的主砲，因此無法繼續戰鬥而脫離了戰線。戰艦雖然修理好了，但再也無法恢復到以前的戰鬥力，俄法戰爭的打擊對拿破崙來說，就是這種程度。另一種情況是，分解戰艦後發現，戰艦

後面的螺旋槳一直漏油，因此船隻動力下降，性能也漸漸惡化，半島戰爭就是這種情況。

說到拿破崙的戲劇性慘敗，大家會提到1805年的特拉法加海戰、俄法戰爭和1815年的滑鐵盧戰役，但是給他帶來長期損失的戰爭是半島戰爭。

半島戰爭的背景

1808年，拿破崙騎兵隊將軍若阿尚·繆拉（Joachim Murat，1767～1815年）率領11.8萬名士兵進入西班牙首都馬德里。西班牙人民熱烈歡迎繆拉的軍隊，這將帶來許多好處給西班牙。當時的西班牙國王是法國波旁王朝的血統，原哈布斯堡王朝卡洛斯二世無嗣而終。法國的太陽王路易十四的孫子菲利普親王公爵作為腓力五世繼位。

然而，隨著法國革命爆發，路易十六被處決，波旁王朝垮臺。革命政府成立後經歷政治混亂，拿破崙掌握權力，再次加冕為皇帝。

西班牙的波旁王朝與法國革命自然是敵對的。即使不是波旁王朝，歐洲的王室對法國革命皆深感憎惡。儘管拿破崙恢復了王權，但在歐洲王室眼中，這位來自科西嘉島的皇權並非傳統王

權。拿破崙是支持革命理念的皇帝，強迫歐洲各國傳統社會變革和改革。與此同時，倖存的法國貴族和王黨派大舉流亡西班牙，西班牙和與拿破崙對立的英國結盟，一起抵抗拿破崙。但是拿破崙怎可能乖乖就擒，西班牙軍馬上就戰敗，只能半強迫地與法國結盟。在這裡，民心分為二派，從革命觀點來看，西班牙波旁王朝跟法國革命後的政府是敵對關係。但從法國整體的角度來看，西班牙王室也是法國的一部分。雖然拿破崙是革命宣傳家，但同時也是皇帝，因此，與對路易十六和王黨派下手無情的共和政府相比，「血腥革命」這種形象已經被淡化了。

當對手強大時，人們會現實地評估情況，並看到對手的優點。西班牙波旁王朝出於多重現實原因與拿破崙攜手合作。

最重要的原因如下：敵人的敵人就是我們的朋友。在西班牙無敵艦隊覆滅後，西班牙失去了對英國的制海權，但仍控制著龐大的南美殖民地，與英國在海上和陸地上的對抗並未停止。在18世紀的百年裡，西班牙與英國在海陸上持續交戰，大多數情況下是以西班牙的失敗告終，但這增加了對英國的仇恨情緒。

在這種情況下，拿破崙進攻占領了葡萄牙並驅逐英國艦隊。由於葡萄牙和西班牙之間也有敵意，西班牙人對葡萄牙被法國征服表示歡迎。當拿破崙奪取西班牙陸軍和海軍，並在特拉法加戰役擊敗西班牙海軍時，西班牙並未對抗拿破崙，而是更加憎恨沉沒了西班牙海軍的敵人，英國。

　　但是當時西班牙國內，無能的卡洛斯四世和野心勃勃的國務大臣曼努埃爾・戈多伊（Manuel de Godoy，1767～1851年）正在進行嚴重的權力鬥爭，與其說是權力鬥爭，不如說是利益爭奪。不僅如此，王后瑪麗亞・路易莎與權臣戈多伊還有不倫關係。

　　拿破崙作為西班牙同盟國，決定利用其嚴峻的內政局勢，繆拉軍隊以攻打葡萄牙為理由進入西班牙。隨後，他進軍到馬德里將卡洛斯四世和戈多伊都從權位上拉下來，讓卡洛斯四世的兒子斐迪南七世即位。如果僅止於此，拿破崙可能不會陷入西班牙的沼澤，然而，法國人太貪心了，在馬德里的繆拉想要成為西班牙國王，這是問題的根源。

　　他應該是認為西班牙波旁王朝其實也是法國人，法國波旁王朝已經消失，法國和西班牙為同盟，所以沒有任何問題。但意外的是西班牙人卻反對這一切，就像民族主義濃厚的韓國，很難理解德國漢諾威貴族可以繼承英國王位這件事一樣。在情感層面上，很難理解外國貴族來當自己的國王。西班牙國民會反對，是因為民族主義或國家自尊心嗎？還是只是單純對繆拉感到反感？拿破崙認為是後者，又或者可能是他太貪心了。拿破崙將斐迪南七世叫到巴黎，斐迪南懷著希望去了巴黎，認為拿破崙會給予支援，但拿破崙要求他主動下野。新西班牙國王是拿破崙的兄長約瑟夫。

　　拿破崙應該是認為西班牙人也會接受這個決定。當然，從

之前的敘述我們可以知道，西班牙有親法派跟反法派。拿破崙對這二者力量平衡和分配的看法可能出現了誤判，或者他持樂觀態度。

然而，情況與拿破崙的預期不同，西班牙人民的反感很強烈。馬德里馬上發生暴動。當市民們攻擊法軍，向來激進的繆拉將軍派出騎兵隊無差別鎮壓市民，這更加劇了反抗的火種，助長了動亂的火苗。雖然親法派支持約瑟夫即位，但是動亂並沒有平息。

西班牙全國各城市出現對抗法國的反抗與起義。這很快演變為武裝抗爭，並在西班牙全境開始籌建軍隊。拿破崙試圖分割駐軍，迅速鎮壓武裝叛亂組織，然而，快速的鎮壓意味著殘酷的鎮壓，最終只加劇了西班牙人民的反抗。西班牙人民的團結力量非常強大，在全國各地出現了反抗軍。

拿破崙不放棄，增援了軍隊。高達28萬法國軍隊進入西班牙，於是，英國迅速加入這場戰爭。西班牙人接受了「敵人的敵人就是朋友」的提議，歡迎英國軍隊。此時英軍總司令是拿破崙的宿敵第一代威靈頓公爵亞瑟‧威爾斯利（Arthur Wellesley，1769～1852年）。

拿破崙為什麼執著於西班牙？

要開始一場戰爭，必須要符合二個因素。就像投資者決定要投資一樣。

第一，這場戰爭要能帶來確切，或實質的利益。

第二，用我能運用的戰力，拿下取勝的機率很高。

拿破崙是看上西班牙的哪種利益？當時是拿破崙的全盛期，整個歐洲甚至包括俄羅斯都不得不向拿破崙低頭或簽署屈辱性的和平條約，唯一的障礙是英國。特拉法加海戰失利，侵略英國失敗的拿破崙，為了打擊英國的經濟，下達了大陸封鎖（1806年的柏林敕令和1807年的米蘭敕令），禁止歐洲大陸和英國交易。

然而，大陸封鎖令對歐洲大陸的經濟打擊要比英國受到的打擊更嚴重。該法令導致與美洲殖民地的貿易停止，對歐洲人的日常生活產生直接影響。

在英國掌握封鎖權的情況下，伊比利半島因為三面環海，成為最佳的走私商品轉運地。大部分南美洲是葡萄牙和西班牙的殖民地，所以從這些殖民地進口的合法進口貨物和從英國走私的貨物在伊比利半島相遇，再流入歐洲大陸。

從拿破崙的立場來看，占領伊比利半島，就能阻止英國走私產品，法國也可以掌握葡萄牙和西班牙殖民地的貿易品，讓法國能夠提供歐洲大陸所需的商品，進一步鞏固大陸封鎖令，確立法

國對歐洲大陸的統治。此外，投入半島戰爭的龐大戰爭費用也能
得到補償。

　　此外，戰爭似乎也相對輕鬆。當時法國軍隊享有無敵的聲
譽，相反地，西班牙陸軍已經從被譽為歐洲最強大的16世紀名聲
中跌落，幾乎成為笑柄。

勉強進行戰爭造成的後果

　　起初，法國大軍占領了西班牙的主要城市，看似取得勝利。
然而，從西班牙得來的收益卻有限，為了確保最重要的殖民地收
益，法國必須掌握西班牙的海軍，但該海軍拒絕投誠，而法國軍
隊無法消滅海上與英國聯合的西班牙艦隊。

　　即便控制了西班牙海軍，也無法避開英國海軍的攻擊。無論
能否征服伊比利半島，殖民地最終還是位於大西洋對岸的土地。

　　西班牙自古以來就是歐洲第一大農業國家，擁有豐富的穀
物和產品，然而，西班牙的物產對法國幫助不大。參戰的英國可
以從大海有效地運送軍隊和補給，法國卻只有一條通往西班牙的
路，即需要穿越像是伊比利半島的阿爾卑斯山脈般崎嶇的庇里牛
斯山脈。無論是軍事物資還是伊比利半島的掠奪物，因為運輸費
用過高，所以對法國沒有好處。

再加上西班牙農民在庇里牛斯山脈展開游擊戰，對法國軍隊造成重大損失。正是在這段時間，衍生出「遊擊」（guerrilla）這個詞彙。

由於補給不足加上西班牙軍隊的抵抗愈演愈烈，這讓法軍變得更加殘暴。他們掠奪物資，還為了鎮壓城市叛亂和遊擊隊，不得不軍民不分一律攻擊，這讓法國軍隊在西班牙犯下的暴行，在歷史上留下深深的烙印。事實上，這場戰爭對弱者和平民都十分殘酷，但法國軍隊在西班牙的暴行顯然已經超出控制和合理範圍。

這場戰爭從一開始就是一場噩夢。戰爭初期，1808年皮埃爾・杜龐・德・雷唐（Pierre Dupont del'étang，1765～1840年）率領著17,000名士兵深入西班牙南部的安達盧西亞，由於嚴重補給困難，使他們陷入饑餓之中，此外，他們不斷遇到意料之外的西班牙軍隊。杜龐和法軍在這種困難情況下，靠著掠奪物資並撤退到東部的拜倫（Baílén）。然而，輕視西班牙軍隊並過於執著物資，杜龐犯下一個致命的錯誤，當法國軍隊通過拜倫西部的山間小徑時，位於正前方的西班牙軍騎兵部隊突然出現。同時，另一支軍隊也在後方追擊，法軍在二支敵軍之間被困住了。

後來才知道，西班牙軍並沒有能夠壓倒法國軍的實力。然而，法國軍面對出乎意料的西班牙軍出現感到驚慌。在地理上處於不利地位，更重要的是缺乏糧食，最終，這17,000名法軍全數

投降。

約瑟夫認為統治西班牙並不容易，他對拿破崙說：「要想征服西班牙，需要20萬名法軍和1萬個斷頭臺。」然而，這種強硬政策只會激起西班牙人民的抵抗。

拿破崙對於勝利及其帶來的利益非常執著。這份執著始於1808年的半島戰爭，一直持續到拿破崙在1812年的俄法戰爭失敗，直到被廢黜的1814年才結束。原本28萬名法軍減至10萬人，再減至6萬，最後僅少數敗兵成功越過庇里牛斯山脈返回法國。持續六年的戰爭對當地的法軍來說是一場噩夢，對法國來說更像是漏洞百出的沙袋。

合理分析的重要性

在登基為皇帝之前，拿破崙非常聰敏、審時度勢的能力也非常卓越。但自從當上皇帝以後，他總陷入策略錯誤，犯下獨裁者經常犯的錯誤。比起冷靜計算分析情況，反而更加依靠「我能做到，我很了不起，只要信念堅定，一定能實現」這類的意念。

並不是說不需要這種自信和自我鼓舞，戰爭和投資會帶來極大的恐懼和壓力。有可能因為一次失敗導致永遠不可能東山再起，所以這種自我暗示也是必要的，然而，這只是一隻翅膀，必

須與另一隻翅膀,即理性分析一起運作。

即使是統治全世界的拿破崙也出現一對翅膀之間的裂縫或不平衡,因此在俄法戰爭和半島戰爭中,同時犯下毀滅性失誤。雖然被俄法戰爭所掩蓋,但半島戰爭也是導致拿破崙滅亡的決定性因素。

小心「勝利者詛咒」的企業
——企業收購的明與暗

股票市場中有一種所謂的「勝利者詛咒」。是指收購比自己規模更大的企業後，陷入財務危機，不得不再次出售該公司，甚至使原本的公司也陷入風險。當企業成長時終將達到極限，這時成長的方法就是進軍新事業。從頭開創一個新事業需要花費大量時間，透過收購該領域的優良企業，可以快速啟動新業務。

因此，企業的銷售額和利潤就會繼續增長。公司CEO想讓企業成長更快，所以貪心地想收購更大的公司，於是開始貸款，即使借錢或者用吃虧的條件與私募基金簽約，也想併吞大公司，擴大企業規模。

在企業經營順利時並沒有問題，因為公司有足夠賺取金錢以支付利息的能力，然而，當榮景過去時，衰退即來臨。一旦陷入衰退，公司就沒有能力支付利息，陷入虧損，必須出售一切來償還利息，但其他公司也處於困境，相互都想出售自己的公司。另一方面，想要收購的公司也沒有資金可購買。同時，收購的公司也持續虧損，貸款利息不斷增加。

最佳的選擇是以最低價格賣掉其中最優秀的公司，以減少利息支出。如果景氣一直低迷，就只能把優良的公司一個接一

個賣掉。當再次回到好景氣時，該公司已經賣光核心公司只剩空殼，而那些曾經以低價買走核心公司的企業，現在開始賺大錢。

過去在海運界掀起旋風的株式會社STX集團，憑藉強大的收購能力一下子躍居產業前十名。他們收購了挪威的郵輪專業造船公司阿克造船（Aker Yards），並在中國建立造船廠，擴張成一家全球性企業，STX集團針對當時市值排名第三的SK海力士收購時也毫不遲疑，能夠在如此短的時間內進行多家企業併購的手段主要是透過借貸。然而，2008年金融危機爆發後，STX集團面臨解體。其中，曾是核心公司的Pan Ocean被法院接管後，轉賣給HARIM集團。目前HARIM的市價僅1兆韓元（約230億新台幣），擁有一間4兆韓元（約920億新台幣）的核心子公司。

通常景氣好的時候，企業都會貪心想擴大規模，但是從經濟循環週期的角度來看，興衰是循環不斷交替的。當景氣好的時候，即使負債累累地進行收購，也認為反正能賺錢不會有問題。但當衰退來臨，企業無法賺取利潤，不得不出售企業，卻發現缺乏合適的買家。因此他們只能咬緊牙認賠賣出，又或者透過出售其他核心資產來償還債務，在這過程中，企業規模會變得比以前更小。錦湖集團和有進集團二家企業深受勝利者詛咒所困擾；然而，也有許多企業在被收購後成功管理並擴大企

業規模，例如KG集團、SM集團和SK集團。這些企業的成功有何不同？

在企業收購中，投資者需要考慮的事情

　　SK集團透過驚人的收購行動擴大集團的規模。從韓國行動電信到海力士，透過一連串收購，SK集團躍升至韓國產業界的第二名，當時半導體市場競爭非常激烈，為了開發和擴張，鉅額資金流入半導體市場。半導體市場就像一個「吃錢樹」，如果分不清當下景氣到底好不好而貿然進行投資，可能會使整個集團陷入危機。

　　收購海力士的SK電訊反而是錢財滾滾的「搖錢樹」。通訊業本身是一個會持續穩定帶來現金流的生意，在有穩固盟友的情況下，海力士進行了大膽的投資，並隨著第四次工業革命的到來和半導體繁榮，不斷擴大了規模。

　　從這裡可以得知，具有打造穩健現金流能力的企業，即使收購其他公司，也較少存在破產的風險。這是因為他們能夠好好管理現金流，使之不易陷入流動性危機。

　　企業收購自己擅長領域企業的策略也值得關注。企業在擴張時，有二種選擇：耗時自行建立並培育公司，或收購其他公

司以節省時間。當參與速度競爭、擴大競爭規模時，收購策略可能更為重要。

最具代表性的例子就是進軍免稅店的樂天酒店。樂天酒店從酒店擴張到免稅店，接著進軍海外免稅店，逐漸將事業版圖拓展到亞洲。之後收購全球最大的機場免稅店公司，將免稅店進軍北美。如果收購自己熟悉領域的公司，可以透過妥善經營，讓它重新誕生成會賺錢的公司，如果收購類似產業，則可以產生協同效應。

投資者應該注意勝利者的詛咒，並深思應該投資哪家企業。那麼，即使收購時，其他人的反應再怎麼「吵鬧」，也不會被周遭氛圍影響，而能透過自己的分析決定是否應該投資。為此我們要養成習慣，時常關注產業經濟動態、時刻注意企業的情況。

我的投資筆記

第**2**部

轉危的致勝法寶

觀點

強者與弱者並非固定不變

第一名企業的幻想

《三國志》中劉備常常穿梭於強者與弱者之間。一下歸順曹操,然後又轉向袁紹,接著又與劉表結盟。劉備不會固定地將人分為強弱,而總是務實地應用機智策略,同理,企業結盟也適用。2007年,當三星半導體蓬勃發展時,感到危機的日本和臺灣企業結成聯盟,宣布價格戰。這是強者和追趕者弱者結盟的一場比賽。那麼,投資者應該投資哪家公司呢?確定的　　排名第一的公司在競爭中並非總能取得勝利。

　　卓越的戰略家往往個性鮮明，信念堅定也十分固執。若一個人只顧依賴他人意見，盲目追隨潮流，他將無法成為改變歷史的戰略家。然而，有時會有人將個性和信念誤解為固執。缺乏靈活思考的固執、過分執著於喜好，這些都是對策略、戰術的毒藥。

　　善與惡，正義與不義，優良與不良，這些都是可變的。因此，一個戰略家應該瞭解制定正義的背景和條件，並保持對這種多變性的關注。只有這樣才能用靈活的思考得出合理的結論。此外，必須意識到強者與弱者是相對的，應專注於當前情況中的優勢和劣勢。

群雄割據的時代，弱國的選擇

　　《三國志》中曹操和劉備經常被拿來對比。曹操擁有出色的能力，劉備則具有高尚的品德。史書將這些特徵進行更深入的描繪，將曹操描述為能力非凡卻心胸狹窄；劉備則被形塑為雖無法評估能力（有什麼專長），卻具有如海洋般包容力。但真正在《三國志》中展現出令人難以置信的包容力主角卻是曹操。

　　當時宛城的將領張繡（公元？～207年）被拿下兗州、豫州、青州的曹操所包圍，還夾在位於荊州的劉表中間。曹操一打張繡，張繡非但沒有反抗，反而直接投降，在握有三州的曹軍面

前，宛城的張繡並不是對手。但是當曹操把張繡的寡婦嫂子叫到臥室時，張繡憤怒了。張繡突襲掉以輕心的曹操，雖然曹操好不容易逃出來，但失去長子曹昂、侄子曹安民，還有最厲害的勇士典韋。

此後，張繡對造成無法彌補的損失感到懊悔，表示願意投降，曹操答應了。原諒殺死自己兒子的仇敵絕非易事，但曹操做到了。之後，曹操在張繡還清罪債之前沒有進行報復。

雖然也有人批評曹操這個令人訝異的行為並非出自真心，而是根據利害關係做出的自私行為。曹操的行為確實是自私、有目的，然而，追究政治人物的行為是不是出自真心，可能也是件可笑的事情，如果他後來刺殺張繡，這件事就難以評論，但不管他是真心還是偽善，結果都是一樣的。

宛城受辱沒多久，曹操就瘋狂地攻擊張繡，但卻一次又一次地失敗了。張繡之所以能夠力抗曹操，都是多虧荊州的劉表前來支援。由於記錄不足，無法準確瞭解當時的情況，加上完全沒有根據，所以很難隨意推測。然而，若以我個人臆測，張繡撤回投降並襲擊曹操並不是因為嫂子，而是因為張繡向曹操投降後，晚一步才收到劉表願意支援的承諾，又或者從一開始就與劉表簽訂密約，才向曹操投降。

在中國三國、日本戰國等群雄割據的時代，弱國的選擇只有二個：要麼抱著被合併的覺悟去依靠強國，要麼跟相對較弱的國

家結盟，抵抗強國。

對於讀者來說，後者可能更有趣。然而，出人意料的是這樣的例子其實並不多。很少有亂世英雄，能在眾多小規模集團中，積極尋找同盟夥伴、尋找出路。縱使投靠強國，像劉備先在曹操手下看臉色，之後再欺騙他，找機會奪回徐州。如此戲劇性的過程更是罕見。

在歷史上，大多數人會輕易地認為「依附強國就會更安全」，然後不多加思索就決定合併，也有些小國雖然勢力很弱，卻努力堅持或是選擇與弱小的鄰國結盟。比起先讀懂天下局勢、強國的動向和利害關係、以及優缺點，再決定下一步行動的人來說，大部分的人，更像井底之蛙一樣，有著毫無根據的自信感，或將附近的小勢力串連起來，就開始自我陶醉地炫耀力量，這情形我們從《三國志》中可以常常發現這樣的例子。

讀懂局勢的賈詡所做的選擇

沒有抵抗或猶豫就投靠強國，那些勢力的名字和故事並沒有被紀錄下來，因此很難指名道姓的說是哪一派勢力，這些故事就埋沒在有幾十個鎮投降或臣服的紀錄中。實際上這樣的郡縣是最多的，雖然他們當下可能很安全，但最終還是會被肅清或消失。

　　例如：被孫策討伐的劉繇（公元156～198年）和嚴白虎（？～？），或是敗給曹操的遼西匈奴族和鮮卑族聯合勢力，最終都在巨人的海嘯中崩潰。

　　與如此低存在感的例子相比，張繡就顯得十分戲劇性。張繡聯合劉表，抵擋住曹操的怒攻，曹操一開始焦躁，因為他即將要與北方的袁紹一爭天下，也就是公元199年的官渡之戰。徐州的劉備得到了民心，訓練軍隊培養力量。站在曹操的立場上，不能再放任劉備不管，如果劉備變強與袁紹聯合，曹操一統天下的旅程就結束了。

　　在這個時候，張繡的謀士賈詡（公元147～223年）向張繡提議投誠曹操。張繡嚇了一跳，他殺了曹操的兒子和侄子，曹操還會接受自己嗎？也許賈詡就是用這樣的邏輯說服了他。在曹操的立場上，雖然兒子的死令人傷心，但如果在官渡之戰中敗給袁紹，包括曹操自己在內，剩下的家人性命也將無法得到保障。賈詡認為曹操是會這樣計算的人。

　　賈詡選擇曹操不是因為他強大，而是因為曹操有潛力成為一股更強大的勢力。如果只是根據選擇強國這一標準，還不如選袁紹，然而，他似乎認為袁紹難以擊敗曹操，雖然曹操想戰勝袁紹也不容易，因此他選擇了曹操，相信這樣的選擇將帶來更大的回報。

　　如果按照原來的方式繼續與劉表合作呢？目前為止因為有

劉表的幫助，才能順利抵擋住曹操的攻勢。而劉表天生就是機會主義者或缺乏勇氣，當曹操和袁紹的對決即將到來的時刻，大臣們說服他，應該停止觀望，加入其中一方，但劉表卻沒有任何動作。

　　賈詡看到劉表這種態度，就明白了。當曹操攻占宛城時，與劉表的同盟很有效果，但如果曹操打敗袁紹，成為華北的霸主，即使有劉表的支援也沒有用。

強者與弱者並非固定

　　強者和弱者是相對的概念。強者的強大和弱者的弱小也是相對和有限的，不能認為依靠強者就能安全，以及強者一定能勝利，就盲目地依靠對方。

　　戰爭中弱者打敗強者的情況也經常發生，在這種情況下，必須細心檢視強者和弱者的內情。如果仔細瞭解背景會發現，通常不是弱者擊敗了強者，而是強者已經變成了弱者、弱者則變強，但人們沒有意識到這種逆轉，所以有時候看起來像是弱者取勝。歷史上能生存的勢力們，祕訣就是他們能根據戰鬥地形和環境，正確分析對方為什麼強大和局勢變化的可能性。

　　張繡與劉表結成弱者同盟戰勝曹操，然後投靠曹操後頤養天

年。在曹操和袁紹的大戰中，張繡加入曹操陣營，要看作是弱者同盟呢，還是應該看作是投靠強者呢，這非常難界定。當時可能有很多人認為，在兵力等客觀戰鬥力上袁紹占優勢，所以曹操和張繡同盟是弱者一起對抗袁紹。但是謀士賈詡應該是將這件事情視為投靠勝利機率較高的強者，並且取得勝利。

劉備現實的算法

三國時代，弱者同盟戰勝強者最知名的例子就是公元208年赤壁之戰。雖然曹操很強大，但最終敗給孫權和劉備的聯軍。

但是我們絕對不能把這場勝利，用單純的算術「魏國雖然比吳國或劉備強大，但是比他們二國的聯軍加起來還要弱」來理解，因為戰力已經因戰略、戰術情況發生變化。

如果劉備和孫權聯軍越過荊州，在華北平原作戰，仍然會像赤壁之戰一樣勝利嗎？他們絕對贏不了。事實上赤壁大戰後，劉備和孫權聯軍的勝利也只維持一時，赤壁之戰之所以能獲勝，是多虧於曹軍不擅長水戰、士兵們紛紛染上疫病，身體與精神都疲憊不堪，當然，這不僅僅是運氣，而是孫權和劉備準確預測且蓄意造成的結果。接著在烏林之戰和連續的勝仗，則是趁曹操赤壁大戰敗北後失魂落魄的情況下，趁勝追擊的結果。等曹軍增援且

以襄陽為據點成功整頓後，聯軍的勝利也止步了。從結果來看，如果雙方是在華北平原展開對決，聯軍幾乎不可能取得勝利。

　　仔細分析可以發現，劉備殷勤地穿梭在強者和弱者之間。歸順曹操，又投奔袁紹，再投奔劉表，也與吳國結盟，劉備的選擇有成功也有失敗。在他眼中沒有固定的強者或弱者，總能適時以現實情況算計，也因此他才能即使失敗，還東山再起吧？

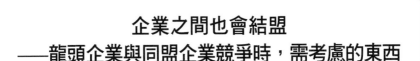

企業之間也會結盟
——龍頭企業與同盟企業競爭時，需考慮的東西

　　投資股票久了，經常能看到企業或國家為了擊敗強大的對手而結盟的情況。例如，美國與中國進行貿易戰的同時，與韓國、日本、臺灣結成半導體同盟，限制對中國出口。當俄羅斯入侵烏克蘭時，結盟國限制與俄羅斯的貿易，並對俄羅斯實施經濟制裁。因此在美國和韓國股市上，與俄羅斯相關的ETF都曾消失過。

　　在企業的案例中也有類似情況。當三星電子在半導體市場上蓬勃發展時，感受到危機的臺灣和日本企業結盟，宣布價格戰。2007年臺灣開始的「膽小鬼賽局」持續了二年。臺灣DRAM企業瘋狂調降價格，韓國DRAM企業也不得不跟著下調價格。再加上全球金融危機，曾經是世界第二大DRAM生產商的德國奇夢達（Qimonda）在2009年宣告破產，膽小鬼賽局就此結束。但絲毫沒有可以喘息的時間，2010年，臺灣和日本DRAM企業共同宣布擴大生產設備，並大規模投入資金。這次是日本的爾必達（Elpida Memory）破產，膽小鬼賽局才結束，市場被整合剩下三家企業。爾必達後來被美國美光科技公司收購。

　　如果結盟的企業在進攻中失敗，那種震撼將倍增。認為規模較大的一方能獲勝，因此大膽地展開價格競爭，卻遭受巨大損失。三星集團能順利克服IMF的監察，在膽小鬼賽局中順利克服2008年雷曼兄弟危機，其中一個原因是其擁有豐沛的現金儲備。因為負債少現金充足，因此能撐到競爭對手先倒下。如此一來，三星集團就有發語權擴充市場占有率。

　　最近為了牽制在電動車領域領先的特斯拉，出現汽車和電池企業的合作公司。那麼從投資者的角度來看，要投資特斯拉好呢？還是投資合作公司好呢？這要根據它們的策略而定。當考慮到能否在價格競爭中領先於特斯拉、品牌價值是否能更上一層樓、能否擴大販售管道，能不能透過資金力量實現規模經濟，考慮到以上這幾點，合作公司似乎並沒有比特斯拉更有優勢。

　　在強者之間的競爭中，有時候弱小企業會被收購。例如，被稱為平臺的巨頭們像黑洞一樣，正在無限吸納娛樂、教育、媒體、電影、生活服務業。隨著NAVER和Kakao網路公司的競爭愈演愈烈，經常會看到有些公司的收購價格比它原來的價值更高。因為從平臺的立場來看，與其讓該公司被競爭企業拿走，還不如自己高價購買，在這種情況下，投資者只要投資那些之後一定會被平臺收購的公司，就能賺上一筆意外之財。Naver、Kakao、網飛（Netflix）、Coupang、亞馬遜等企

業又會擴張到哪些領域？有哪些企業身處關鍵之地呢？那個企業什麼時候會被收購？我們需要有這樣思考的習慣。

比起企業規模，更要注意品牌

從投資者的立場，我想強調排名第一的企業不一定能在競爭中獲勝。就像大到不能倒這句話一樣，雖然規模越大看似越有優勢，但是規模並不能保障能夠取勝。我們要找的是能在競爭中脫穎而出的企業，所以要考慮到它的品牌是否強大、經營是否有效率、現金流是否順暢、銷售和利潤的變動性是否劇烈、技術力是否優秀等。

其中最重要的是品牌。對於具有強大品牌的公司來説，他們擁有忠誠的粉絲顧客。就像前面提到的星巴克一樣，忠誠的粉絲顧客只想要星巴克的咖啡，而不是更便宜或更美味的咖啡。在這種情況下，競爭對手無法施加影響，而聯盟攻擊變得無效。因此，品牌價值對公司來説是巨大的資產，但是品牌價值也是一把雙刃劍。如果品牌價值受損，產品價格將迅速下降，產品將無法銷售。此外，一旦品牌價值受損，復原將變得困難。因此，在投資時，一定要確保公司對品牌進行嚴格管理。另一方面，如果競爭對手的品牌遭受損害，那競爭對手成

為弱者的機會就會浮現。

弱者也有機會

最具代表性的是汽車市場，汽車市場的占有率不容易改變，而且品牌價值相差很大。韓國現代起亞汽車（Kia）進軍海外，經過十幾年艱難的歲月，雖然以低廉的價格進軍美國市場，但因有豐田這個CP值高的日本品牌稱霸市場，所以成績有限。當2009年豐田發生大規模召回事件，給了現代起亞一次機會，他們抓住這個機會進行攻擊性的宣傳，在推出新車後，以高匯率為基礎，還打出驚人的優惠，就這樣迅速占領市場，躋身國際品牌。此外，現代起亞趁豐田較晚切入電動車市場之際，一舉超越豐田，成為在美國和歐洲的電動車銷量排名第二～三名的位置。

從汽車市場的例子中可以看出，投資者要擺脫傳統強者在市場上總是更有利的偏見。需要觀察實際情況，因為強者和弱者隨時可能會互換位置。

逆思考

用隆美爾的方式思考

成長股VS.價值股

隆美爾有很多非常奇特的策略，其中有很多戰略就是所謂的逆向思維。從策略的角度來看，這種逆向思維並不是單純轉換觀點而已，而是累積長期的熱情、努力和科學數據凝聚而成的結果。在股市中，普通投資者喜歡看得見的是成長股，不太喜歡成長緩慢的價值股。然而，能在投資世界中長期生存下來的投資者們，華倫·巴菲特、彼得·林區、大衛·德雷曼等，偏好投資的是價值股，而非成長股。他們開闢了一條前人未曾走過的道路。

逆向思維是指改變常識和假設，刺破對方的弱點。逆向思維從表面看似容易，也許這就是為什麼人們喜歡逆向思維。然而，逆向思維並不僅僅是轉換認知，而是需要經過長期熱情、努力和科學數據的結晶。在戰爭中，有戰略家透過逆向思維策略獲得勝利。例如，在韓戰中，一位法國中尉遇到困難時展現了真正的逆向思維，讓人意識到逆向思維的真正含義。

真的只有這條路可以到達嗎？

1951年3月3日，法軍和北韓軍在位於春川北方的1037高地展開血戰。為了奪回被北韓軍隊占領的高地，法軍進行突襲。那時高地山頂上仍然覆蓋著厚厚的積雪和冰層。高地三面都是冰封的懸崖，道路狹窄危險。

二戰參戰英雄和外籍部隊出身的法國軍隊，被視為聯合國軍中最強大的部隊之一，但面對槍林彈雨的小徑，無法用身體突圍。而與他們對陣的北韓軍，則是經由嚴格訓練的候補幹部所組成，他們抱著必死的決心奮勇抵抗。

第一輪攻勢失敗後，於3月5日，展開第二輪進攻。上級下達命令必須占領高地，雖然隊員們感到困惑，但命令就是命令。這個要求無疑是要他們荒謬地犧牲。雖然他們儘可能接近山頂，投

擲手榴彈甚至使用火箭筒，但還是無法清除北韓軍的機關槍。戰線陷入僵局，士兵們反而遭受從高地上投擲的手榴彈洗禮，北韓軍不僅把手榴彈往頭上丟，還綁成團在地上滾，或是低著身子滾動著投擲。

這時，隸屬2連2排的強尼中士腦海中突然浮現這樣的想法。「這裡真的是唯一的進攻路線嗎？」環顧四周，他看到一塊突出在懸崖上的大石頭。

儘管困難重重，但往那邊繞行似乎是可行的。北韓軍也認為無法從三面斜坡靠近，所以將火力集中在山脊，完全沒有注意三面坡。強尼中士說服排長布坦中尉：「讓我們走那條路。」雖然排長一開始認為這聽起來不可思議，但最終還是同意強尼的想法。由強尼帶頭開路，全排緊隨其後，當他們到達山頂，看到正努力向前射擊的北韓軍。

「真的只有這條路嗎？」逆向思維就是這種瞬間冒出的點子。那天在高地，難道只有強尼中士想找另一條路嗎？當然不是，所有人心中都會想「難道沒有可以繞道的路嗎？」但是為什麼只有他能發現可以繞的地方呢？答案是因為強尼的經歷。他曾是業餘攀岩者（Alpinist），所以當他看到高地懸崖上突出的岩石，認為用繩索可以爬上去；他不是因為轉變思維而發現了路，而是因為有登山經驗才發現這一點。強尼濃縮他長期以來作為攀岩者的經驗，用他流下的汗水和努力發現轉機，對於戰略家來

說，重要的不是逆向思維的型態，而是逆向思維的方法。那麼，讓我們從改變二戰版圖的事件，來瞭解實現逆向思維的具體方法，以及需要如何努力吧？

決定諾曼第登陸勝負的逆向思維

1944年6月5日，一場改變二戰命運的大戰役拉開序幕，諾曼第登陸戰被稱為史上最大作戰。以美國和英國為主導的盟軍，從英吉利海峽強行登陸德軍占領的法國諾曼第地區，這次行動的成功，盟軍以此為起點解放歐洲西部，甚至可向德國首都柏林進軍。登陸當天幾乎投入20萬名兵力，直到6月24日，約有100萬名士兵登陸海岸，33萬輛汽車越過海域，規模非常龐大。這表示如果作戰失敗，盟軍遭受的損失可能數年間都將無法恢復，這才是所謂可以改變戰爭結果、歷史方向的重大行動。

對於盟軍來說，此次作戰的最大障礙是德軍諾曼第防禦司令官艾爾溫・隆美爾元帥。他被稱為戰神、也可稱為逆轉專家，是少數確信盟軍將登陸諾曼第的人之一。以希特勒為首的多數將軍認為，盟軍登陸地點不是諾曼第，而是加萊海岸附近，甚至考慮了挪威，而加萊之所以被選為目標，一是因為該處海峽最狹，再者有助於海上補給。

登陸作戰並不止是衝破砲火，將士兵送上海灘就結束了。登陸作戰的成敗取決於持續的補給，即使登陸部隊順利取得橋頭堡，也要持續充分供應糧食、彈藥、醫藥品、車輛和武器、零件等消耗品。這就是登陸作戰成敗的關鍵。

反之，在1940年德國攻陷法國並計畫進攻英國時，英軍也認為德軍可能會用10萬兵力突襲登陸，但真正的問題是補給。英國海軍認為掌握海權的情況下，德國沒有能力能透過加萊海峽維持海上補給。英軍司令部確信德軍登陸作戰絕對不可能成功，德軍最終也未能勇敢地進入海峽。

藉由這個經驗領悟問題的德軍將注意力全部放在港口，專注地把港口要塞化。在德軍看來，認為盟軍不可能從諾曼第登陸，因為那裡沒有港口。然而，隆美爾不同意此觀點，他堅信盟軍將進攻諾曼第，準確瞄準盟軍主攻的海灘。在調任之初他巡視地區，在某海邊這樣說道「就是這裡。」這裡就是D-Day的最大戰場，奧馬哈海邊。1998年電影《搶救雷恩大兵》中出現的悲慘戰鬥，恰恰就是重現奧馬哈海灘之戰。

德軍領導層的預測和隆美爾的逆向思維，是從哪裡開始分歧的呢？隆美爾根據什麼確信盟軍將登陸諾曼第？

最有可能的登陸點是成功作戰計畫的關鍵。德軍認為登陸作戰的必要條件是擁有港口，因此他們對港口加強防禦，然而隆美爾考慮到這一點，排除了港口，由於港口加強了防禦，所以成功

的可能性非常低。在1942年，盟軍曾試圖在德軍占領的法國第厄普港口登陸。雖然派遣最精銳的英國突擊隊，但那次行動卻以慘敗告終，德軍因此獲得信心，而盟軍得出結論認為攻擊強化防禦的港口是不可能成功的。

　　隆美爾將港口從預計登陸地點選項中排除。那麼綜合各種情況來看，諾曼第是最有可能的海灘，隆美爾總是這樣想。敵人最有可能進攻哪裡？假設進攻A地點的機率是60%，B地點是39%，C地點是1%。那麼大家都紛紛衝進A裡，結果A成為士兵的墳墓，作戰失敗，因為我軍也是這麼想的，所以會做好準備。因此成功機率最高的地方是C地點，在實戰中1%的機率變成90%。那麼有些人可能會好奇沒有港口要如何運輸和裝卸物資，隆美爾是這樣想的，「這不是我該煩惱的問題，但盟軍會想出解決辦法。」

　　在這裡，人們的思維方式有所分歧，其他人總是在給定條件下尋找可能性。例如要有港口這種必要條件，因此，即使在無法進攻港口的情況下，被排除在選擇範圍之外的情況下，他們仍然堅持著必須有港口。在韓戰中，沿著固定的山脊進行攻擊的故事也是如此，相反地，隆美爾尋找可以發揮創意的可能性，也就是說，不受數據、過去案例的束縛。其他人以沒有港口為由排除諾曼第，但隆美爾假設盟軍可能已經找到代替港口的方法，因為盟軍如果想要作戰成功，就需要尋找不依賴港口的地點。隆美爾是以此為前提進行逆向思維，這種判斷就是基於創意可能性。

這個判斷是正確的。雖然隆美爾也不知道具體細節，但實際上盟軍為此非常努力。他們使用水泥塊和廢船建造出組裝式人工碼頭和防波堤，為了運輸石油，他們甚至在海底鋪設管道。

從隆美爾的經歷來看，他經常想出很多稀奇古怪的點子，以及被稱之為逆向思維的絕妙作戰，這不是逆向思維，而是這種思考方式的結果，與其說是逆向思維，我反而想稱之為「隆美爾式思考法」。

在制定戰略、戰術時，我們總是被「登陸作戰必須從港口」等看不見的固定觀念和前提條件所束縛，找出這種固定觀念就是逆向思維的起點。其實逆向思維最重要的前提是擴大自己的思考領域和思考層次，此外，為了掌握創意可能性，需要經常進行科學分析以及勇敢嘗試，並要常常確認自己和團隊成員的能力。在確認成員的能力時，不僅要注意他們是否能完成所賦予的工作，還要關注他們的熱情、意志、潛力、挑戰精神等。

然而，即使隆美爾預測了盟軍的登陸點，為何歷史仍然以我們所知道的盟軍勝利告終呢？

科學分析的重要性

距離D-day前二天的6月4日早晨，隆美爾為了慶祝妻子的生

日，順便休假回家了。他家在烏姆的埃特林根，距離諾曼第開車要18個小時。出發前，隆美爾帶著負責氣象的軍官所提交的氣象報告書。與諾曼第接壤的英吉利海峽被暴風雨籠罩，報告顯示6月6日將會是全天的暴風雨肆虐。如果6日盟軍無法登陸，那麼下一個登陸日期將是2周後，而在7、8月後，海峽的天氣將變得越來越惡劣，因此隆美爾安心啟程回家。

　　與此同時，在大洋彼岸的盟軍司令部，英軍和美軍的氣象官員們就英吉利海峽的天氣展開激烈的爭論。

　　美軍想抓住任何一絲希望，樂觀看待局勢。應該說他們很有冒險精神嗎？反之，英軍則一如往常保守且謹慎。更何況，他們絕不打算向美軍讓步他們國家的氣象預報。身為英軍氣象負責人詹姆斯・斯塔格上校（James Stagg，1900～1975年）被這場爭論弄得頭痛不已，突然間卻接到重要訊息。

　　「在覆蓋英國和法國的濃密雲層之間發現了小縫隙。幾個小時內將移動到英吉利海峽，使登陸區域的天空逐漸放晴。然後晴天將持續到6月6日早晨，中午過後，天空將再次被厚厚的雲層覆蓋。」

　　也就是說，天空出現了讓他們勉強可以發動行動的縫隙。就像是上帝為了盟軍揮舞著劍刺破雲層一樣。雖然是難以百分百確認的情報，但是艾森豪將軍（Dwight David Eisenhower，1890～1969年）決定順應這個縫隙。

　　為什麼隆美爾沒有接到這樣的報告呢？事後才知道，德軍的氣象觀測設備非常糟糕，甚至可以說是根本不存在。氣象分析不僅僅是風向和溫度的問題，除了氣象觀測資料外，還需要當地積累的長期資料和經驗，德國軍隊這二項都沒有。隆美爾是一位天才的戰術家，一個一絲不苟的人，他在諾曼第準備防禦的期間，一天睡覺不超過5個小時，他之所以放假慶祝妻子生日的另一個原因也是因為身心疲憊。他預計恢復體力後，再次參與即將展開的對抗，然而，他未能意識到氣象團隊的水準，這成為了致命的錯誤。

　　從當時德軍的立場來看，可能會認為跨越暴風雨肆虐的海洋進行作戰是逆向思維，但就像法軍中士在高地戰中藉由攀岩者的經驗找到了繞路的路線一樣，盟軍對氣象資料進行科學分析，確定了登陸日期。隆美爾猜到盟軍登陸諾曼第的逆向思維，卻由於科學分析不足，未能預測登陸日期，最終讓盟軍成功利用這種逆向思維。

當眾人關心成長股時，請看看價值股 ──高手投資價值股

在有關投資的格言中，「騎上奔跑的馬」和「道瓊狗股」是衝突的。騎上奔跑的馬的策略被稱為「順勢操作」，這個策略是透過買進正在上漲的股票獲得報酬，因為這些股票深受大眾歡迎，它的特徵是購買趨勢強，股價上漲的可能性高。然而，如果這些股價已經漲很多，會被認為它的價格比業績昂貴。目前，特斯拉就是典型的「奔跑的馬」。

「道瓊狗股」是指美國道瓊指數30檔股票中報酬率較高的10檔股票。雖然是績優股，股價卻無法反映其價值，因此具有高股息報酬率，主要是由市場連動度較低的價值股組成。

股價反映未來價值。成長速度較快的公司具有優秀的未來價值，因此股價也會迅速上漲，這類股票被稱為成長股。成長股在經濟不景氣時呈現出上漲的趨勢，因為經濟不景氣，在缺乏可投資公司的情況下，眾多成長股會吸引投資者的資金。反之，價值股是與它們的收益或資產相比，多半是被低估的企業股票，然而，由於其成長速度慢，因此無法獲得投資者的關注。因此大眾喜歡成長股，不太喜歡價值股。

但是，在投資世界中生存很長時間的投資者多半不是投資於成長股的人，而是像華倫‧巴菲特、彼得‧林區、大衛‧德

雷曼等投資於價值股的人。對大眾來說成長股吸引力很高，因此有很多人想買這種股票。也就是說，即使這些股票的價格比企業價值更高，人們還是不在意，因為他們相信這些股票會快速成長，被高估的情況會消失。然而，沒有一家企業能永遠保持高成長。如果成長速度比大眾預想的稍微慢一點，信任就會變成恐懼，成長股股價就會暴跌，而蒙受損失的投資者將層出不窮。

相比之下，投資價值股這件事情是孤獨的。當所有人都對成長股感興趣時，你必須要將眼前上漲機率高的投資放到一旁，拿著不知道股價何時會上漲的股票。但是即使是股價上漲機率高，其受歡迎程度也會有所衰退。永遠看不見的西風終究會改變為東風。在這種情況下，曾被視為投資機會較低的價值股股價也會像成長股一樣急劇上漲，如果不是為此做好準備的投資者，就很難抓住這個機會。好幾年沒漲的股價突然在幾個月內暴漲。股價上漲時，即使後悔「當時很便宜」的股票，但卻無法買進。然後下定決心如果股價再次下跌就要買，但是價值股一旦乘風飛起就會不停上漲。在韓國長期被低估的價值股中，2000年代初期樂天啤酒的股價漲11倍，2000年代中期造船股漲20倍，2010年代初期化學股是10倍。2010年代中期，建設股和食品股都曾上漲10倍以上。

大衛‧德雷曼的逆向思維投資策略

　　被認為是逆向思維投資奇才的大衛‧德雷曼主張「市場效率低，人類則不理性，會因為情感反應過度。」此外，他還說：「人類本能地喜歡最好的股票或產業，雖然想避免最壞的情況。但是無論是熱門股還是冷門股，長期來看投資回報都會均值化。」他從1970年開始進行逆向投資，四十年來的報酬率超過市場平均的2倍。他的投資策略是投資於低PER、PBR的股票。根據這種方式，從1994～2018年的二十五年間投資美國股票，低PER股的累計報酬率為3,511%，低PBR股票累計報酬率為3,064%。

　　他的逆向思維投資策略也被應用到韓國股市。如果從2002年至2018年，將上述方式加上，每股純利潤增長率排名前50%、流動率100%以上、負債率排名後50%等條件後，選出20檔股票。隨後每年保留符合條件的股票、更換不符合條件的股票。結果顯示，十六年間，當KOSPI 200上漲226%，而這20檔股票的總報酬率達617%，年均報酬率達21%。

真正的逆向思維投資是什麼？

　　價值股最具代表性的上升例子是2000年代初期的樂天七星。在1999年，IT產業股價急遽上漲，網路相關公司的股價連續多日創下漲停。如入口網站Daum上漲36倍、Hancom上漲19倍等，很多股票漲幅達數十倍。其中，最具代表性的是Serome Technology上市僅六個月就上漲了150倍，市值增長至3兆韓元。然而當網路泡沫破滅後，這些用夢想支撐的股價暴跌。Serome Technology的股價也從超過30萬韓元跌至2000年底的5,500韓元。此後，IT企業除了神話Naver外，基本上都陷入了停滯二十年。

　　直到網路泡沫破裂後，人們才開始注意那些真正賺錢的企業，而不是沒有實際銷售、只有夢想的企業。樂天七星，比起它擁有的附加價值，被低估成只有市值的二十分之一，但它一直都以飲料銷售保持穩定的業績。一般人常常對價值投資有誤解，認為僅僅投資於低估的價值股並不是逆向思維投資，要讓低估的企業獲得其應有的價值，需要展現出未來的成長潛力。只有看到他人尚未發現的價值股的成長潛力並進行投資，才能稱之為真正的逆向思維投資。

　　當時，樂天七星的事業結構是以飲料為中心，卻缺乏成長性。然而，新興的礦泉水產業崛起，樂天七星宣布進入這一領

域，並宣布進入啤酒和烈酒業務。他們推出能讓大眾相信這個夢想的熱門商品，如推出「缺少2%[1]」，在果汁含量未達10%飲料市場占有率高達90%。當銷售額超過1兆韓元時，投資者開始對長期被低估的樂天七星抱有希望並開始進行投資。股價在一年內從7萬韓元上漲到80萬韓元。五年後的2007年超過了150萬韓元，再過八年的2015年，隨著食品股上漲風潮，股價一路漲至300萬韓元。你如果在2000年，當別人專注在網路股時投資這家價值股，就能抓住在十五年內獲得4,200%報酬率的機會。

想要正確投資價值股，就需要具備逆向思維。必須在他人不關注的被忽視股票中尋找價值股，那麼隨著時間的流逝，當它受到大眾的關注時，股票的價值就會上升。公司的價值是不會改變的，但是股價會根據大眾的關心程度有所不同。因此，只有投資跟大眾關心相反的投資策略，才能以較低價格買入優質的價值股。

---

1 樂天七星的一款飲料。

眼光

所見並非全貌

讀懂經濟趨勢，
先發制人

最優秀的指揮官，是能在戰場上的動態中發現敵人「漏洞」且先發制人。明智的投資者能從眾多資料中讀懂經濟趨勢，並選擇可能成為未來機會股的人。這二者都有一個共同點，他們不是只看「看得到的東西」，而是不斷努力去看見「看不到的東西」。

　　士兵們衝向沒有老鼠洞的銅牆鐵壁。即使是再怎麼冷血的指揮官，如果說他沒感受到良心的譴責，就是在說謊。然而，無論需要作出何種犧牲，也必須奪取目標，因為這就是戰爭。

　　在這種情況下，普通的指揮官通常會忙於合理化士兵的犧牲，而優秀的將領會努力尋找敵人的漏洞，不讓手下輕率地衝向敵人槍口，這不是良知問題，而是能力問題。這種能力不僅僅是找尋牆上的洞或盲點，更重要的是運用戰場上的所有戰術和從觀察動態狀況中尋找敵人看不見的漏洞。這就是傑出將領的條件，也是指揮官們需要研究戰爭史的原因。

陷入困境的德軍大反擊

　　1944年12月18日，在比利時巴斯通，美國陸軍第101空降師與第10裝甲師團的部分兵力被德軍包圍，並抱著赴死之心抵抗。在被稱為希特勒最後一搏的突出部戰役中，巴斯通是決定賭局勝負的重要據點，雖然巴斯通是個人口僅有3,500人的小村，但它是交通要衝，在中央廣場上向四面八方延伸的有7條道路，其中一條是通向德軍最終目標安特衛普港。

　　諾曼第登陸後，盟軍在南法到北比利時形成了一條南北延伸的長防線，並開始向德國發動進攻。正當大家認為德軍現在將專

注於防守之際，希特勒卻正構思一場大膽的反擊作戰，因他找到
盟軍防線中薄弱的突破點。美軍沒有想到德軍會發動反擊，他們
疏於保護亞登地區，而希特勒則集結剩餘的精銳裝甲部隊，突破
了亞登地區的盟軍前線，這就是突出部戰役。希特勒的目的是維
持這個突破口，繼續往前推進，占領安特衛普港。如此一來，可
以切斷盟軍的防線，同時讓他們失去最大的補給港口，迅速面臨
補給物資短缺。當時盟軍從美國經過英國運輸石油、彈藥、食物
和各種零件至法國，安特衛普就是其中最重要的補給港，對盟軍
來說，如果失去這裡將會是一場災難。

　　與此同時，德軍缺乏持續進攻所需的軍需物資。在時間的迫
使下，德軍為了快速行動，決定盡量避開人口密集地區，然而，
巴斯通是個例外。為了可以迅速推進到安特衛普，必須確保巴斯
通的道路網，他們包圍了巴斯通，並對美國陸軍第101空降師展開
猛烈攻勢。

　　被困在德軍包圍網中的第101空降師突擊部隊，基本上是由輕
裝步兵組成，因此無法抵抗以坦克為首的德國裝甲部隊。幸運的
是，在突出部戰役中還有部分的裝甲部隊和強大的砲兵隊。師長
安東尼・克萊門特・麥考利夫（Anthony McAuliffe，1898～1975
年）巧妙運用幾個反坦克砲和迫擊砲，有效地支援了以肉身抵擋
德軍攻擊的空降部隊。

　　在德軍的攻勢下，原本似乎連一天都撐不下去的美軍，足足

堅持了3天，但隨著彈藥和砲彈逐漸用罄，食物、藥品等一切都快耗盡，即使想進行空中補給，卻遇上惡劣天氣，都讓這一切變得不可能，眼看勝利的可能性越來越小了。

情況日趨危急的12月23日，天氣突然轉晴。美軍立即動員241架運輸機將補給品投放到巴斯通。多虧這次行動，絕望的局面得以暫時化解，但是德軍施加的壓力逐漸增大，當天外圍防線的一處被突破，但美軍成功投入鄰近部隊，勉強阻止敵軍進犯。

能預測未來的巴頓反擊

美軍開始空中補給的前一天，即12月22日，麥考利夫師長和指揮德軍進攻的哈索‧馮‧曼陀菲爾將軍（Hasso-Eccard Freiherr von Manteuffel，1897～1978年）聽到了決定突出部戰役命運的重要消息。訊息指出，位於巴斯通南方35公里處的巴頓第3軍，為了拿下巴斯通，開始向北前進。

得知巴頓將軍正在接近的曼陀菲爾要求德軍加強攻擊砲火。現在，巴斯通包圍戰的命運取決於為營救第101空降師而拚命前進的第3軍能多快抵達。在德軍的南側包圍網，也就是巴頓軍隊和巴斯通之間，德軍精銳部隊第5空降師正利用地雷和反坦克砲，建立強大的防禦網。

　　巴頓軍團一旦進入巴斯通，前往安特衛普的德軍下場並不會只是前進不了而已。德軍在進攻中動員了三支軍隊，進攻巴斯通的路線是其中最南側的外圍，因此，如果巴頓將軍攻破德國第5空降師，德軍的側翼就會暴露出來。當時突出部戰役的戰況圖就像懸掛在樹枝上的葉子一樣，當巴頓軍的加入，就好比看到了那片葉子底下和樹枝交錯的部分一樣。

　　完全沒有人預料到巴頓的迅速反擊，即使是美軍也沒有想到。突出部戰役從12月16日開始，被德軍突襲嚇到的美軍17日在艾森豪的主導下召開會議。雖然這個對策的成功機率近乎於零，但對於艾森豪來說，唯一的對策就是讓恰好位於德軍突破地點正南側的巴頓第3軍向北轉90度攻擊德軍，然而這一切的關鍵在於時間。調整一個師的進攻方向通常需要一個星期，而此時巴斯通會被攻陷，德軍會達成他們的目標。

　　然而，接到艾森豪的命令，巴頓爽快地回答：「我明白了。」接下來是最重要的問題。「何時能夠準備好？」「從現在開始就可以了。」

　　在場的聯合軍將領們雖然熟悉巴頓的豪言壯語，但這次卻露出受夠了的表情，甚至有幾個人無言以對地笑了出來。艾森豪也懷疑自己的耳朵：「這是什麼意思？」巴頓就像在等他問一樣，馬上回答：「今天早上已經讓司令部準備好了。」「那麼師什麼時候能出發？」「12月22日早上就能出發。」

艾森豪突然生氣了，他說：「不要輕率發言！」在被晉升為巴頓的直屬上司之前，艾森豪曾在巴頓手下擔任過副指揮官。雖然這二人關係可能在艾森豪的晉升後變得尷尬，但艾森豪以極為謹慎的方式處理與巴頓的關係，他們之間的關係一直非常好。艾森豪是少數深知巴頓能力並尊重他的人之一。這一刻是他罕見向巴頓發火的時刻。

巴頓沒有對艾森豪的憤怒作出回應，實際上他享受這樣的場面。能夠在眾人面前造成驚人逆轉的時刻，也許正是展現自己最好一面的時刻。

不管是什麼進攻，大規模進攻都必然會暴露進攻的跡象。有人批評，在突出部戰役之前，美軍在亞爾丁森林的部署過於脆弱，還探測到德軍的集結動向。既然亞爾丁森林的防禦弱，美軍情報當局應該更加用心收集那一帶的情報才是，但他們卻草率對待，忽視了這些跡象，造成這種情況的原因只有一個：因為德軍已經處於極度困難，缺乏燃料、彈藥和制空權等，沒有能力發動進攻的處境。每個人都堅信，面對處於劣勢的德軍，他們只要專心防守即可。

巴頓不同意這樣的判斷。精通戰術和戰爭的巴頓不認同「強者攻擊，弱者防守」的觀念，戰鬥的法則是無論攻守都要「贏」。因此如果對方暴露弱點，即使是防守，也不能就白白看著而不做出反應。或許巴頓是這樣判斷的：如果自己是德軍，就

會攻擊亞爾丁森林。而德軍中可能也會有同樣想法的人，巴頓在突出部戰役的前一週，就讓部下提前制定，德軍進攻亞爾丁森林的應對作戰預案。不僅如此，還準備了不是六個師，而是能優先迅速轉移三個師進攻巴斯通的計畫，而這個方案就是22日的進攻路線。

艾布蘭的機智

巴頓的行動震驚所有人，但德軍的抵抗也不容小覷。巴頓部隊第一天推進了11公里，然而，第二天只前進了3～8公里。12月26日下午，隸屬第4裝甲師的R戰鬥隊的二個營，好不容易接近巴斯通郊外的德軍包圍網，而從那裡到巴斯通是6.5公里。

營長小克雷頓·威廉斯·艾布蘭中校（Creighton Williams Abrams Jr.，1914～1974年）擔心地看著眼前的德軍防線，想著「我軍也筋疲力盡，看來很難突破防線。」這時他想到一個奇妙的點子。「不是摧毀德軍的包圍網，而是在他們薄弱的地方鑽孔」艾布蘭命令麾下坦克部隊以最快的速度衝破防線，然而帶頭的只有4輛M4雪曼坦克而已。其中2輛遭到德軍坦克的攻擊從後方擊毀，但是前方2輛瘋狂向前行駛，終於在天黑之前趕到第101空降師的壕溝。

　　冷靜地來看，這個並不能算突破包圍網。巴頓那天收到的回報是，雖然成功接觸到第101空降師，但是拿下的突破口只有區區300公尺寬。然而，當他們將德軍的包圍網打出一個洞，德軍的士氣已經迅速下降。僅憑「巴斯通的包圍網被突破了！」這個消息就夠了，如果大壩出現小洞，即使實際上大壩潰堤需要很長的時間，人們還是會選擇先放棄，這就是戰鬥的心理和生理。

　　像巴頓和艾布蘭一樣不會被肉眼可見的結果限制，能夠理解戰場的生命力，並能先發制人的指揮官，就是巴頓所說「懂得獅子式戰鬥的指揮官」。

　　艾布蘭後來晉升為四星上將，目前美軍最強的M1艾布蘭主力坦克就是以他的名字命名。

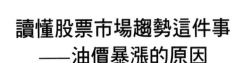

讀懂股票市場趨勢這件事
——油價暴漲的原因

　　股市中要讀懂金錢流向，提前布局才能賺錢。跟著買已經上漲的股票是一個很危險的行為。因為會需要花比別人更多的錢買，要比別人早買且買得便宜，然後再高價賣出才能成功。

　　為此掌握趨勢非常重要，我們以油價和半導體舉例。雖然在2008年和2011年油價超過100美元，但是2014年以後就再也沒有超過100美元。經濟繁榮的2017～2018年，油價甚至沒有超過80美元。因為頁岩油革命讓美國躋身全球最大的石油生產國。由於供應大幅增加，油價隨之下降。2020年，新冠疫情危機爆發，油價暴跌至負值後漸漸恢復。當2021年經濟逐漸活躍，在股市上預計油價可以恢復到80美元水準，但預測未能實現，因為這只是單純以過去資料作為基礎。

　　隨著「環保」這個變數，油價不只恢復到80美元，還超過了100美元。為了防止地球暖化，世界各國承諾減少碳排放。然而，鑽探石油會造成大量的碳排放，因此各國政府為了環境保護，不允許頁岩油企業在國有土地上進行鑽探，並打低鑽探企業的ESG分數（將企業的社會、環保活動納入評分的衡量企業成果的成果指標分數），不利貸款與資金籌措。此外，碳排放越多，就需要購買越多碳排放權，因此即使進行鑽探，利潤

也會減少，商業魅力也隨之消失。

即使需求增加，供給卻跟不上，油價有可能會繼續上漲。再加上2022年俄羅斯入侵烏克蘭，俄羅斯原油出口受到制裁，以西德州原油（WTI）為標準油價甚至超過130美元。此後油價在2022年上半年持續高於100美元，下半年擔憂發生經濟蕭條，才降至90美元。雖然因擔心經濟蕭條而回落至90美元，但是考慮到過去經濟繁榮時是80美元，就可以知道現在的情況如何，如果經濟再次好轉，油價很有可能超過100美元。

如果能理解這種油價走勢，就會判斷高油價很有可能會持續，然後投資會因為高油價受惠的產業。過去因高油價受惠產業有石油、建築等，但現在可以代替石油的新再生能源正在成為高油價受惠產業。一般來說，首次出現的新興產業很難預測它的可能性，因此無法預測上漲幅度。反之，像石油股，可以與過去高油價時期比較，瞭解股價上漲了多少、PER是多少等各種資料，因此可以預測漲幅。

最近，太陽能、氫能、風力等多種新再生能源開始受到青睞，其中CP值最高的是太陽能。它與其他能源不同，在轉換電力的過程中不需要渦輪機，因此無噪音，適合家庭使用，如果設置在沙漠或大規模平原地區，就可以用較低成本生產電力。

除此之外，現有的能源如液化天然氣（LNG）或核能，也因碳排放量少甚至沒有，因此被視為新的替代方案。隨著油價

持續上漲和電動車銷量增加，電力需求將持續增加，因此新能源有很大的發展潛力。

半導體企業的投資企劃

接下來讓我們看看半導體市場。半導體市場為投資者提供瞭解未來經濟趨勢的好線索，這得益於半導體事業的特性。

可以從半導體企業發展預測未來產業趨勢，並提前因應。半導體市場雖然略有差異，但大致每三年六個月就會進入一個繁榮期。由於半導體業務的特性，景氣好時銷量會快速增加，經濟差時會驟減，因此當他們要生產新產品時，會需要預測景氣好壞、調整規模。因為準備生產設施，正式量產產品大約需要二年的時間，因此在二年後如果景氣狀況好，就可以賺很多錢，如果經濟狀況不佳，投資的資金就可能會化為烏有。所以半導體公司會投入大量資金預測和分析今後經濟將如何發展，因為這比作出錯誤判斷更具利益。

韓國半導體企業在經濟不佳的情況下，如果對未來經濟狀況的預測樂觀，就會大膽地進行大規模投資，然後隨著經濟好轉獲得巨額利潤。如果判斷錯誤，企業可能面臨倒閉的風險，但迄今為止，他們成功預測並生存下來。因此，透過觀察半導

體企業的投資計畫，就可以知道他們對未來經濟環境的樂觀或悲觀看法。這些決策是賭上企業未來命運的押注，所以值得信賴。如果想預測股市的未來走向，推薦各位參考半導體企業的投資計畫。

專家

沒有永遠的盟友和敵人

判斷投資的標準

近代政治學之父的馬基維利曾說：「人是可以為了自身利益而破壞關係的存在。」如果用來比喻戰場，那就是沒有永遠的盟友和敵人。在股市中，有一種看似永遠是盟友的存在，那就是股市專家。價值投資的創始人兼傳奇投資者班傑明・葛拉漢說：「要對市場先生保持戒心。」「市場先生」是指推薦好股票的專家或諮詢公司。他們的推薦可能會賺一、二次錢，但如果盲目相信就會完蛋，最好的投資方法是自己研究判斷。

我們總是不喜歡變動，喜歡固守不變。歷史上常見的忠臣和奸臣之分也許就是對「不變」的執著所致。然而，人類本質上是為了自身利益而活動的存在，不要把人類分為善良、邪惡、值得信賴、不值得相信的人，而應該用當前情況進行判斷。例如，二位足球選手在賽場外是好朋友，但在足球場上作為對手相遇，就成為敵人，因此，人的評判會根據實際情況而不同。

透過研究戰爭史，我們可以確認永遠沒有絕對的盟友或敵人。君主認為戰略家是與自己站在同一邊，但對方卻根據利益背信的情形也屢見不鮮。像在春秋戰國這樣不穩定的局勢中，很多時候更是會根據各國的政治立場依靠戰略家，我們可以從各種關係中看到人類複雜的心理。

春秋戰國時期縱橫家

春秋戰國時代孕育了各式各樣的思想學派。儒家、道家、法家至今仍是東方思想中的重要支柱，除了這些著名的學派外，還有墨家、兵家、名家、縱橫家、農家、小說家等多種學派。即使是同樣的儒家或法家，也會根據時代或個人的不同，思想也會變化和發展。

有趣的事實是，在諸子百家中，堪稱頂峰的儒家、道家、

法家「明星」們，在當時也未能成功出人頭地。孔子雖然在老年時曾在故國魯國短暫擔任宰相，但他一生都在遊歷宣揚自己的思想；孟子與眾多國君接觸並傳遞他的思想，但卻未獲採納；道家則被認為是老莊思想的開創者，看起來根本沒有出人頭地的意願。相反地，現實主義的法家則成功出人頭地。商鞅、李斯、韓非子在秦國被重用，雖然商鞅和李斯被提拔為宰相，但結局都很悲慘。而事實上，真正成功出人頭地的人物，多出自不太有名的學派，以蘇秦（？～？）和張儀（？～B.C. 309年）為代表的縱橫家就是如此。

　　蘇秦出身周國。　在鬼谷子手下學了遊說術。　此後，他周遊列國多年，卻反而遭受著種種困難回到家中。兄嫂、妹妹、妻妾等都在心裡嘲笑他，並這樣說。……你（蘇秦）拋開本職工作油嘴滑舌，當然會窮困潦倒。

《史記》中有關蘇秦的介紹

　　雖然「縱橫家」這個詞語本身也有一定的含混感，但從這個故事中來看，蘇秦和張儀最多不過是擅長辯論的外交官，像是奔赴國王和政治家們說客的代表性角色。但事實上他們並不是謀士、陰謀家或外交官。蘇秦和張儀活躍於戰國時代後期，當時秦國多虧於法家的改革成果，成為最強大國，並主導天下統一。蘇

秦說服趙、魏、齊、韓、楚、燕六國結成反秦聯盟，這叫做「合縱說」。張儀反而想藉由炫耀秦國的力量，試圖讓其他國家屈從，這叫「連橫說」，從而形成縱橫家的名稱。如此看來，合縱說和連橫說更像是外交政策，而非僅僅是思想。

然而，蘇秦和張儀的地位超越了外交官。蘇秦因成功促成六國聯合而兼任六國宰相，他不是因功勞而受到獎賞，而是實際上得到了權力者的地位，因為他需要總攬六國的聯合、外交和軍事政策。

蘇秦和張儀更像是當時的政治家，而不是特別的思想家。就像我們沒有特別稱諸葛亮、荀彧、賈詡等三國時代的宰相為「思想家」一樣。儘管如此，在當時，像「縱橫家」這樣的人物在各國都存在，當秦國的威脅日益增加時，對於六國來說國際合作變得至關重要，對於秦國來說則是破壞國際合作至關重要。

從那時起，除了軍事入侵外，幕後外交、陰謀、國家關係也變得跟戰爭同等重要。當然，在此之前，國際關係中充滿了各種陰謀，但現在，國與國之間的爭端或國內重臣的舉動不僅影響本國，也直接影響其他國家的命運和形勢，因此像聯合國、G7、G20這樣的國際會議地位變得重要。宰相擔任的角色也發生了變化，不僅要精通本國的經濟、軍事、貿易關係，還要精確掌握他國的情況，甚至需要干預該國的軍事、外交、貿易政策，有時候甚至調整本國的產業，也要重新調整貿易關係。隨著國際關係的

重要性增加，國際合作超越了外交的作用和國內事務，政治家們也需要具備整合多個國家內政的多種能力。在這種特殊情況下，國際關係專家似乎給自己貼上了「縱橫家」這個稱號。

蘇秦和張儀也是政治家。說到他們的區別應該就是，才能和手腕是總理級還是局長級，由於他們的權力橫跨多個國家，因此在享有之前沒有的權力同時，也成為了各種未曾有人經歷過的陰謀目標。

蘇秦的處世之道

蘇秦建立的合縱體制持續了十五年，秦國為了破壞這一體制，不遺餘力。在這個過程中，秦國意識到軍事侵略僅會使六國更緊密團結。因此，他們決定避免軍事入侵，而是煽動六國內部人士對蘇秦的地位發動攻擊，以削弱他的勢力。

雖然十五年間的陰謀和明槍暗箭的內幕不廣為人知，但蘇秦的應對表現足以令人讚賞。合縱的政策存在著致命缺陷，為了生存，國家需要變得更強大，而為了變得更強大，必須與鄰國合併。然而，合縱政策要求六國犧牲目前的狀態和發展，這使得所有國家都渴望成為統一天下的主角，因為這是最終生存和安全的保障措施。然而，合縱政策卻要求放棄最終生存之路，以換取短

暫的生存，這造成了矛盾。

秦國從這個矛盾處滲入，雖然具體內容沒有公開，但在此過程中，對蘇秦的誣衊、收買覬覦蘇秦位置的六國野心家、遊說黑箱等必定十分激烈。

最終秦國成功地使六國互相爭鬥，蘇秦意識到自己的時代已經結束，流亡到了燕國。

在燕國，蘇秦在調停燕國和齊國在國境上的爭執時重獲權力。然而，即使在這個時候，針對他的攻擊似乎仍然不減。蘇秦成功調解燕齊之間的國境紛爭，也順勢活躍於齊國和燕國之間，似乎他也企圖在齊國獲得權力，希望成為燕齊二國的宰相，但齊國有人誣陷蘇秦：「他不是為了齊燕二國，而是為了燕國的利益。」這就是故事的結尾。蘇秦決定放棄成為二國宰相、國際專家的路線，只忠於一個國家。

現在唯一願意信任和接納蘇秦的國家只有燕國。他再次回到燕國，重獲燕易王（？～B.C. 321年）的信任。在燕國過著幸福生活的蘇秦突然再次流亡到齊國，令世人驚訝，這背後是一個令人啼笑皆非的故事。

據《史記列傳》記載，傲慢的蘇秦與成為寡婦的易王母親私通，這個祕密被易王知道了。據說他害怕易王報復，向易王提出這樣的建議：「我會假裝從燕國逃往齊國，假裝幫助齊國，讓齊國變弱，這樣燕國就能變強，總有一天會戰勝齊國。」易王答應

了，他或許認為殺掉蘇秦既對國家沒有任何幫助，只會引起別人的臆測，因此箝制住他才是明智之舉。

逃亡到齊國的蘇秦獲得齊王的寵愛，但稍有不妙，就再逃回燕國。辯解自己在齊國時，表面上是在幫助齊國，其實是為了燕國在消耗齊國的國力。比如說服齊王，擴建宮殿、盛大舉行先王的葬禮，積極支持強化王權的政策。同時，他挑撥齊國國王奢侈浪費國庫，削弱齊國，但在燕國則採取措施以增強王權為名來解釋。總而言之，他的策略是支援加強國王權威，用歐洲的中世紀時代比喻就是削弱封建領主的權力，強化國王的權力，特別是法家的政治家們支持中央集權化政策。

蘇秦一邊提供齊王想要的東西，一邊巧妙地搪塞燕國。他之所以會腳踏兩條船，是因為擔心齊國貴族們反對，因他是外來者，隨時都可能會被誣陷，起初想靠獲得國際聲譽來取得強大權力，但這反而使他成為國際間的迷途者，蘇秦最終還是被齊國的不滿分子暗殺身亡。

在燕王和齊王的立場上，蘇秦是合作夥伴還是背叛者？蘇秦的回答應該是這樣：「我既非忠臣亦非背叛者，只是一個善於應用的人，對我善待如良藥，對我敵對則如毒藥一般，不過如此而已。」

根據現實的變化採取靈活的態度

　　韓國社會尤其缺乏對國際政治的靈活度。從朝鮮時代起，一個固有的習俗是將周邊國家一概定性為敵對或友好，然後堅守這種信念。在國際政治中，很常需要與敵人聯手，不是因為敵人悔過、改過自新或成為絕對的盟友，而是當彼此發現可利用的契機時，即使短暫也會妥協與合作。國際政治中必要的誠信僅在於彼此遵守約定的時間範圍內遵守條件，這種誠信就是遵守協議的信仰。

　　當這最後的誠信也產生利害關係，那麼隨時都能將誠信拋棄的地方就是國際社會。甚至當被毀約的國家提出抗議，對方國家反而會發脾氣說：「簽訂協約時的利害關係已經消失，你難道不知道嗎？」即便誠信如此脆弱，如果隨意對待它，也會失去信譽。

　　因此，國際社會是一個既沒有敵人，也沒有盟友的叢林。同時也是具有卓越洞察力和判斷力的智者們遊樂場。「沒有永遠的盟友和敵人」這句話並不是諷刺國際局勢的殘酷性，而是指在體認現實變化並在變動的情勢中，做出最佳選擇的出色智者。

不能盲目相信專家的理由
——股票預測困難之處

　　我從來沒聽說過有人因為跟著股票專家投資而賺錢的故事。因為即使是股票專家，也非常難預測股票。曾經有項實驗讓猴子與基金經理分別選擇股票投資，並比較報酬率，結果是猴子獲勝，預測股票就是如此困難。如果大多數人都能預測股市，這種預期已經反映在股價中，股價會變得過高。

　　如果能確切地預測股市的漲跌，那麼在短時間內可能會成為超級富翁。但其實沒有能夠做出準確預測的股票專家。假設有專家預測準確率高達70%，那麼他連續5次成功預測的機率僅為17%，大為降低，所以幾乎沒有股票專家能夠持續預測成功。即使有股票專家的幫助，也很難用股票賺錢。實際上，不僅是專家，對於接受建議的投資者們也要對此負責。

　　多數股票投資者的投資金並不多，但都夢想成為富翁。因此，要想靠小額致富，報酬率就需要非常高。為此，他們更傾向於尋找那些提供高風險、高報酬的股票專家，而不是推薦安全股票的專家。高收益的股票投資成功率更低，投資者可能面臨較高的虧損風險。這等於是無視華倫‧巴菲特「在籃框下投2分球，慢慢累積分數」的策略，而是濫投3分球。

　　我們再舉一個例子來說為什麼不能盲信專家。在2007年

的牛市中，很多企業家做了企業諮詢並下了錯誤判斷，然後在2008年全球金融危機時倒閉。在牛市期間，企業諮詢專家們建議：「想要增加銷售額和利潤，就要透過合併來壯大自己。」並推薦他們溢價收購公司擴大規模。當金融危機到來，貸款收購其他公司的企業，生意不好做利潤減少，利息增加出現赤字，最終面臨倒閉的命運。或者要低價出售有價值的核心公司來償還債務。雖然也要怪諮詢專家們沒有預測到下跌趨勢，但主要原因在於他們在牛市中只是為了賺取諮詢費而不是真心為企業提供建議，僅僅只說企業家想聽到的話。

投資者要自己判斷

那麼，應該怎麼判斷呢？不管判斷對錯，投資者都要自己判斷，投資者應該直接找出影響自己投資公司的因素。這些因素可能包括國家政策、材料價格、銷售點、CEO、技術創新、競爭者變化等多種因素。要自己查這些資料並決定是否要投資該企業。

投資沒有「A發生就一定是B」的公式。投資有相對性，有時油價上漲，股價會隨之上漲，但有時候反而會下降。即使油價上漲，只要企業商品賣得好，消費者消費得宜，股價也會上

漲。但是如果油價上漲，商品賣不出去，消費者也不再購買，股價就會下跌，股市就是這樣，同樣現象會根據變數而變化的地方。因此投資者要能靈活考慮多種變數，還要觀察跟自己持相反看法的人在看哪些變數，檢視並確認自己是否忽略了某些因素，並以此作為判斷的依據。透過瞭解當前狀況並進行投資，可以降低風險。

我的投資筆記

恐懼

指揮官最應該警戒的敵人

應對恐慌的方法

無論多麼優秀的勇士，都不可能完全沒有恐懼，那些不感到恐懼的人，不是沒有恐懼，而是在和恐懼搏鬥時不屈服。股票市場在進入繁榮之後，陷入不景氣是不可避免的事情。每當這種情況發生時，恐懼總是不期而至地找上投資者，不斷擴大的恐懼和不斷加劇的暴跌，積攢已久的利潤在不知不覺中跌破地面，向下墜落。明智的投資者應該像勇士一樣與恐懼抗爭、不屈不撓，為此，需要練習應對恐慌的方法。

在突出部之役中，有23,000多名美軍被俘虜。即使遭到突襲，但在這個單一戰役中有最多美軍被俘，也是美軍歷史上最大的恥辱。在突出部之役的相關電影中，我們可以看到美軍士兵全身顫抖投降的畫面，令人心酸。

雖然其中一部分是新兵，但有相當多經驗豐富的士兵和部隊卻無力對抗，這是出人意料的情況，美國受到衝擊後分析了原因。首先，他們是在毫無準備的情況下遭遇突襲；再加上一開始是戰鬥力最弱的部隊遭到攻擊，恐慌傳播到全軍。由於亞爾丁森林的地形很難區分東西南北，又是在冬天，也無法進行空中支援，使士兵們崩潰得更快。

恐懼就是如此可怕，一旦蔓延開來，即使是老練的士兵、訓練有素的軍隊也會像被巨浪捲入一樣崩潰。不管指揮官怎麼有經驗，都無法挽回陷入恐慌的士兵。

軍人的最大敵人

戰爭中，恐懼會導致集體士氣下降。古代肉搏戰（只用刀、槍、刺刀等武器，直接與敵人面對面的戰鬥），不會打到對方全軍覆沒。但如果這支軍隊訓練有素，那有可能持續戰鬥直到最後，但通常被徵召入伍的軍隊，可能會在前線崩潰或看到盟軍失

利的微小徵兆就崩潰。

　　一個被恐懼壟罩的軍隊，對敵人來說就是一場祝福。如果有足夠的抵抗力量，即使失敗，也可能對敵軍造成嚴重損害，提高在下一場戰鬥中取勝的可能性，甚至迫使敵人修改戰略和戰術目標。然而，如果軍隊陷入恐懼中，放棄戰鬥並崩潰，就會向敵人投降；不僅如此，在戰鬥中，大規模殺傷發生在單方放棄戰鬥並逃跑時，而不是雙方激烈衝突的過程中。這種情況被稱為追擊戰，80%的犧牲者就是在這時候產生的。

　　訓練精良並瞭解戰爭的軍隊，即使在友軍失敗並撤退時，也不會亂成一團，因為他們知道這樣只會導致更多傷亡。戰爭史上可以常常發現，當軍隊有秩序地撤退通常不會遭到追擊敵軍的攻擊。從敵軍立場來看，其實不是無法攻擊有秩序的軍隊，而是攻擊因恐懼而四處逃竄的士兵更簡單。如果可以將犧牲降到最低，並且殺死敵人獲得戰利品，大多數軍隊將不會自找麻煩地選擇困難的道路。

　　在現代戰爭中，恐懼仍是士兵們最大的敵人。戰鬥經驗較少的士兵，當他們身在砲火轟炸中或受到襲擊，可能因恐懼身體會僵硬、聚集在一起後被團滅。諾曼第登陸作戰時，一名士官將50多名在海邊不知所措的新兵聚集起來，交給正在準備碉堡攻擊的德軍連長。不到一個小時，他們大部分都深陷恐懼，連一次像樣的攻擊都做不到，就這樣全員陣亡，那位連長深受打擊。

通常超過一半以上的陣亡者，都是在第一場作戰中陣亡，只要能在首次戰鬥中倖存下來，生存機會將增加數倍，經歷過幾次戰鬥後，他們就已經成為老兵。即使是優秀的戰士在戰場上也會遇到無法避免的致命情況和意外。然而，至少經過驚險的作戰、自己的錯誤判斷，以及冒然向著敵方機槍防線衝鋒等行為，都大大減少了喪命的可能性。

數千年來，世界上所有軍隊都與恐懼作戰，不亞於與敵人的戰鬥。即使經過嚴格的訓練，如果無法克服戰場上的恐懼，士兵就無法勝任。如果一個團隊中有這樣的隊員，就是沒辦法履行自己的角色，那麼又有哪些方法可以幫助他們克服恐懼呢？

將新兵安排在二線的原因

在戰爭電影中，有時候會出現遠處隱隱約約傳來的吶喊聲，還有那些沒有上過前線的新兵、等待上戰場的士兵們，或許在踢足球或在營地附近吸菸、嬉戲打鬧的場面，這個場面常出現到令人覺得老套。突然間，一名重傷的傷兵經過，或陣亡者的屍體不停地被送到後方，那些稚嫩的士兵們表情瞬間僵硬。

雖然這個設定看似老套，但這是一種幫助克服戰場創傷，或者增加第一次參加戰鬥的新兵在戰場上生存機會的方法。這種方

法首創於第一次世界大戰。當時，不是將訓練營的士兵直接送上前線，而是讓他們在能聽到砲聲的二線地區待命，讓他們有時間適應戰場。結果顯示，可以大大減少士兵們陷入戰爭恐懼症或被戰爭嚇到無法動彈的危險。

今天在體育界中使用的影像訓練與此類似。即使是學過數十種動作的人，在第一次對抗對手時，可能也會腦袋一片空白，手腳不協調。在比賽中，即使失敗也能獲得寶貴的經驗，但在戰爭中卻沒有第二次機會。假設有理論學習與訓練、實戰二種環境的話，會需要有「中間站」。無論是利用間接體驗還是簡單的練習賽，都要慎重且充分地提前體驗實戰——「恐懼」所在。指揮官最應該警惕的敵人是如何克服恐慌的情況，事先經歷這種情況是必要的。

我經常去考察城堡和遺址。每當站在那裡時，就像即將入伍的少年兵一樣，在心中描繪戰爭的情景，努力回憶起那一瞬間所需的判斷、勇氣和需要克服的恐懼。幸運的是我生活在一個和平的年代，從未參與戰爭。現在，我感覺年紀漸長，即使戰爭爆發，可能也沒有力氣舉槍、穿著軍裝奔跑，儘管如此，我也沒有停止這種思考，這不僅是因為我在研究和寫戰爭史，也是因為在人生中，我必須不斷面對克服恐懼和價值觀的考驗，決策時刻總是接踵而至。

克服恐懼的方法

軍隊用來克服恐懼的重要方法是建立一支正確的團隊。先淘汰克服不了恐懼的成員，因為恐懼具有感染性，即使其他成員不屈服於恐懼，恐懼也會嚴重阻礙判斷和行動。

無論多出色的戰士也不可能完全不受恐懼影響。真正能克服恐懼的人不是不會感受恐懼的人，而是在與恐懼抗爭中不屈服的人。因此，如果有同伴屈服於恐懼，自己內在與恐懼作戰的平衡就會被打破。所以，同伴不應該是鼓勵恐懼的人，而是相互幫助共同克服恐懼的人。

克服恐懼的方法也分等級。創立於1881年，在韓戰中也十分活躍的英軍格洛斯特郡兵團，會在軍帽前後都佩戴部隊徽章。這是有緣由的，當時採用的戰術是排成一列橫隊進行射擊，格洛斯特郡兵團排成三列射擊時，敵軍突然從後方現身。被敵人側翼圍剿是非常可怕的情況，大多數部隊在這種時刻會動搖並崩潰，然而在這一刻，格洛斯特郡兵團的副團長沒有動搖，而是高喊：「三列列隊。向後轉。射擊！」

在軍帽前後掛上徽章是為了紀念這個事件。儘管看起來有點幼稚，但在戰爭中，擁有悠久歷史和輝煌戰績的部隊，滿腔熱情地戴上滿身勳章，在實戰中的確可以表現出與眾不同的風采。部隊徽章和傳說，以及炫耀專業技能，實際上是用名譽和責任感幫

助士兵克服恐懼。

　　講述參加二戰的美軍第101空降師事蹟的迷你影集《諾曼第大空降》，該劇於2001年因為高度還原和考證備受稱讚。然而，其中有一個地方並未得到正確的還原，實際上在諾曼第登陸前一天，506團第二營E連的士兵們，也就是劇中的主角們，全將頭髮剃成只留中間的龐克頭。在劇中雖然有出現一個士兵剃頭的場面，但為了不讓影片產生違和感，大多數主角都沒有剃頭。

　　龐克頭也成為美軍一種傳統。在以2001年的電影《黑鷹計畫》著稱的1993年索馬利亞戰爭中，美國陸軍遊騎兵部隊隊員們也都是龐克頭，但是與遊騎兵部隊一起上戰場的三角洲部隊要員們的頭髮卻跟普通人一樣長，電影中有確實地呈現出這個特徵。

　　想當遊騎兵部隊的隊員，需要從10～20選一的競爭中脫穎而出才行，屬於美國陸軍的精銳部隊。他們用龐克頭表現出自己高度的自信感。美軍最精銳的三角洲部隊要員們則是需要執行最機密的特殊作戰，他們看著遊騎兵部隊隊員的短頭髮，把他們視為剛從高中畢業的孩子。

　　等級更高的真正老兵不需要這種徽章和標誌。他們能自行判斷情況，預測戰鬥的走向，準備武器和裝備，以備隨時上場打仗，然後相信自己的選擇並承擔責任。他們也不是不會感到恐懼，但憑藉對自己的完全信任來與恐懼抗衡。

　　如果能與這樣的老兵一起打仗，即使身邊全是新兵，他們也

能適應戰場，並以最快的速度蛻變為完整的軍人。戰鬥是團隊合作，但是用集體規範打造的團隊合作只不過是普通水準，能集各自的個性、判斷力、毅力於一身的團隊，才是最高水準的團隊合作，也是造就出最優秀的老兵部隊關鍵。這是從古至今最精銳部隊例子中普遍發現的真理。

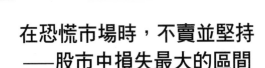

在恐慌市場時，不賣並堅持
——股市中損失最大的區間

　　在股票投資中，最有價值的經驗是經歷一次大幅下跌市場。比起從書上間接學習，自己體驗錢從手中溜走的感覺，才能真正感受到恐懼，這種經驗將成為之後正確投資的優秀課程，如果在初期投資資金較少的情況下經歷，相當於用較少的金額繳學費。反之，在沒有經歷過這種情況，只遇過牛市，然後在投資金變多的時候遇到嚴重的大跌，從那之後可能永遠都很難恢復。

　　以我自己為例，我從2006年開始投資股票，並在二年後的2008年遭遇美國次貸風暴引發的全球股災。韓國KOSPI指數跌破2,000點，瞬間跌至900點。即使知道大師們說過要在熊市時進場抄底的教誨，我卻無法承擔買進股票的想法，陷入恐懼之中，最應警惕的敵人是恐慌市場，在面對恐慌市場時，要如何應對；即使我當初持有的是被低估的績優股，具有高殖利率，但股價卻下跌高達60%。雖然當時無法加買，但是我下定決心堅持不賣，並在Cyworld[1]寫了一篇日記，日記中寫到我的害怕與恐懼、確定會虧損並希望出脫股票的心情，及壓抑這種情緒下的堅持之苦。

---

1 韓國社群網站，風靡程度似臺灣的無名小站。

　　就這樣過了六個月的時間，市場的震盪有所減緩，投資帳戶又恢復到了本金的數額。如果在那個時候賣出股票，然後在市場的震盪減弱後再進入市場，我將需要以60%的損失價格賣出股票，然後再以這個價格的二倍買入，這樣損失將更加巨大。股票市場中最大的損失來自於當市場崩潰時發生的恐慌性拋售。在正常情況下，理性的人們會進入市場買入，因為他們認為這個時候股票價格便宜，進而支撐股價不再下跌。然而，在恐慌市場中，所有人都失去理智，只會賣出股票，沒有人買入，股價變得非理性地下跌。

　　當然，有些股票是可以抵禦市場波動的，而有些則不應該堅持持有。如果我持有優質股票，且該公司沒有問題，僅僅是市場氛圍變得陰暗，那麼堅持持有很可能是更好的選擇。相反地，如果持有的股票不是優質股，或者公司有問題，且市場氛圍也很惡化，那麼這些股票可能很難回升。

若想應對恐慌行情

　　為了應對這種恐慌性市場情況，提前安排好股票權重是非常重要的。主力持股應該是最穩健的企業，如果是銷售額和利潤穩定增長、PER低、殖利率又好的績優股，比起其他股票它

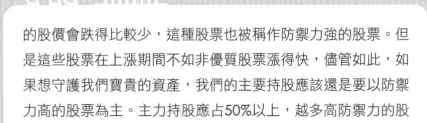

的股價會跌得比較少，這種股票也被稱作防禦力強的股票。但是這些股票在上漲期間不如非優質股票漲得快，儘管如此，如果想守護我們寶貴的資產，我們的主要持股應該還是要以防禦力高的股票為主。主力持股應占50%以上，越多高防禦力的股票，就越有能力應對市場下跌帶來的恐懼。

接下來是用報酬率高的股票組成羽翼。理想的狀態是用2～3檔股票，占比30%～40%是理想的配置，這些股票可能是營收和利潤增長不穩定的景氣敏感性股票，或是PER稍微高一點或殖利率不高的企業。但這些股票有著較高的股價上漲潛力，使其成為值得等待的高價值股票。雖然處在熊市，這些股票造成的損失金額可能會大於等於平均，只要能堅持下去，等再次成為牛市時，比起主力持股，羽翼股票能帶來更多超額報酬率。

第二個應對危機的方法是增加現金比重。一旦現金比重達到一定程度，即使股市下跌，也能更有勇氣應對。在危機中最需要警惕的敵人是「恐慌」，回應恐慌市場的方法是「沒想到能用這麼便宜的價格買到，感謝這個優惠」，用剩下的現金低價購入股票，如此一來可以降低平均購入單價，因此，平均買入價格下降，當股價回升時能夠實現比以往更高的報酬率。

然而，這只適用於優質股，而有風險的股票則可能無法恢復價格，因此只應該在買入優質股時使用。由於無法確定股價

底部在哪裡，所以應在下跌局勢止住後進行分批買入。

　　無論對投資股票再怎麼有自信，也至少要持有10%的現金，當市場被認為過熱時，持有現金比重應增加至50%是明智之舉。如果發現市場行情即將開始不穩定的徵兆，提前增加現金比重的策略也是不錯的。

　　即使現金比重低，對於現金流充足的人來說，在下跌市場中有足夠購買股票的能力，這將成為買入機會。舉例來說，有人遇到了熊市，他的投資金額為1千萬韓元，如果他每個月有餘力購買200萬韓元的股票，那麼他可能會覺得這次是機會，然後積極買股。然而，如果某人為了退休準備的股票投資金額為5億韓元，卻沒有足夠的現金每月購買股票，則無法抓住這個機會，還可能看著股票越跌越慘，因恐懼而增加賣出持有股票的可能性。

傳奇投資者應對危機的態度

　　過去世界最大的基金——麥哲倫基金，從1977～1990年是由彼得・林區操盤。在這段期間，麥哲倫基金創下年均29%的報酬率，甚至在1987年發生股市一日暴跌22%的黑色星期一，該基金仍是正報酬率。但是投資該基金的人有超過一半虧損。

這主要是因為大多數投資者無法克服恐懼，在低點賣出而犯下錯誤。因此從一開始就不要購買不是績優股的股票，如果已經買入，應盡量避免賣出，而是長期持有。

　　彼得‧林區曾說，股市每二年出現一次有意義的危機。實際上，因為2018年美中摩擦引發經濟不景氣憂慮，股市大幅下跌，而2020年則因新冠疫情，股市再次大幅下跌。2022年1月，因為擔心升息、量化緊縮，全球股市下跌約10～20%。那麼，有辦法每二年預測一次危機，在正確的時機買賣股票嗎？彼得‧林區說花時間預測未來，還不如來尋找好企業，華倫‧巴菲特也說過，要購買抗風險的優秀企業股票，長期持有。

　　因此，即使陷入恐慌市場，也應以「這也會過去」的態度持續投資，到最後一天都要種蘋果樹 。每當有錢就買一張股票，然後慢慢累積。抱著這種想法看待投資，才能戰勝恐慌市況持續投資。面對恐慌市場，我們應該持續投資，而非因為追求短期快速獲利而擺脫股票，這樣做只會使恐慌感更強烈，並減少貪婪，不要給投資過高的期望。

我的投資筆記

悲觀

戰士的情感很重要的理由

相信市場會成長的信念

戰爭由人類參與,因此士兵的心理、士氣非常重要。因此在悲觀的情況下,只要能讓焦躁不安的士兵鼓起一點勇氣,指揮官就應該嘗試。在股市中,上漲和下跌會不停反覆。價值投資者相信股價走勢最終必會向右上揚,因此投資績優股就一定能獲利。然而,如果經濟衰退不斷持續,投資者將難以保持信心,因此,投資者需要一個可以幫助他們從心理上承受這些壓力的對策。

在戰場上，人類既非常懦弱又非常勇敢。有時只有看到勝算才想拚搏，但也不一定完全如此，有時候面臨毫無希望的情況，人們也會因某種理由強迫自己相信勝利，即使是幻覺。這就是為什麼在戰場上軍人士氣如此重要的原因，即使處於極度悲觀的情況下，如果能夠激勵士氣，有時可以逆轉局勢，即使無法逆轉，也可以對敵人造成致命傷害。在戰爭史上，也能看到許多提升士氣的例子。二戰時期，杜立德特攻隊、特種部隊的始祖突擊隊（Commando）也是這樣誕生的。

杜立德特攻隊

1942年4月18日，美軍B-25轟炸機出現在東京上空。不只東京，橫濱、大阪、名古屋、神戶、和歌山等，日本各地主要城市上空也出現了轟炸機。日軍想都沒想到這些飛機會是美軍的轟炸機，所以只是報告「出現不明飛行物」。

那些從未經歷過空襲，也從未想過自己會遭受空襲的城市居民們，第一次看到那些陌生且威武的轟炸機時，甚至朝飛機揮手。

地面上的對空砲，還有機場裡的空軍飛機也沒有反應。他們想說雖然當時正因珍珠港事件與美國交戰中，但美國航空機不可

能越過太平洋到達日本本土，地球上沒有可以飛那麼遠的飛機。雖然有可能從航空母艦起飛，但前提是航空母艦要在日本附近，如果他們如此接近日本，日本海軍不可能沒有探測到巨型的航母戰鬥群。

五個月前的1941年12月7日，日本聯合艦隊空襲了位於夏威夷的美國太平洋艦隊基地珍珠港。這個事件大大衝擊了美國，也成為爆發太平洋戰爭的導火線，憤怒的美軍認為，為了洗刷珍珠港的恥辱，並且鼓舞國民的士氣，需要採取特別行動、一個具可視性、象徵性的措施，方法很簡單，戰鬥的法則是「以眼還眼，以牙還牙」，要讓對方嚐到跟自己一樣的苦果，就是空襲日本本土。

美軍將這個任務交給美國陸軍航空隊（在美國創設空軍後，此單位變更為空軍）所屬軍官詹姆斯·杜立德中校（James Harold Doolittle，1896～1993年）。苦思要如何執行此計畫的杜立德，想著如何讓續航距離長的轟炸機從航母上起飛，但是從未有讓體積大、滑行距離長的轟炸機從航母上起飛的先例，即使轟炸機的續航距離再長，也不足以安全起飛並返回航空母艦的安全區。

杜立德改造B-25轟炸機的機身，讓它儘可能輕量化，並裝載最多燃料，再透過刻苦的訓練和研究，找到能讓轟炸機從航母上起飛的方法。美軍用大黃蜂號航空母艦載著杜立德特攻隊接近日本近海。

共有16架轟炸機從大黃蜂號出擊。他們空襲的目的，並非對特定地點造成致命的打擊，而是對整個日本造成衝擊，因此儘可能分散到主要城市進行轟炸。所以損失輕微，共有262間房屋被毀、50人死亡，包括傷亡在內總共有363人受到影響。

雖然不能說300條人命少，但從戰爭整體來看，這個受害程度還算輕微，策略上來看沒有造成重大戰略打擊。完成任務的轟炸機因返回時燃料不足，因此計畫直接飛向中國東部降落。

事實上，這也沒有按照計畫進行，成功迫降中國領土的飛機只有12架，3架墜毀在中國領海，另有1架著陸在蘇聯的海參崴。有1名隊員戰死、2人下落不明、8人被俘，其中，在蘇聯迫降的隊員在整個戰爭期間都被關押，直到1945年雅爾達會議以後才被釋放。被俘的8人中有3人被日軍公開處決。

回到美國的杜立德成為英雄，還被授予議會榮譽勳章。正如前面提到的，雖然日本受到的物質上損失並不重大，而且可視性成果也很少，但對美日二國產生很大的心理影響。後世在評價此事件時認為，杜立德空襲大大鼓舞了美國民眾的士氣，進而為提高同盟國士氣做出貢獻，然而在日本，對進一步的襲擊感到恐懼，促使日本軍事領袖們匆忙制定對美國的進攻計畫。

特種部隊誕生

　　1940年6月4日，擔任英國陸軍參謀總長副官的達德利・克拉克中校（Dudley Clarke，1899～1974年）將自己在公寓裡突然冒出的構想記在筆記本上。他煩惱要如何盡快洗刷敦克爾克恥辱的方法，英國人民溫暖地迎接好不容易生還的士兵，他們拋棄了所有武器和裝備，就像被水浸溼的老鼠一樣，他們被形容為可憐的失敗者這一事實是無可否認的。

　　1940年，在德國壓倒性的攻勢下，法國才僅僅六周就敗下陣來。雖然敦克爾克撤退行動，奇蹟般地成功解救了被困在法國約19.2萬英軍和14萬名法軍，但因為武器和裝備全部被遺棄在海岸上，好不容易逃出來的士兵幾乎都是放棄所有武裝和裝備的狀態。一旦戰爭開始，就不能被動應戰，所以即使是為了鼓舞士氣，也要繼續攻擊，這就是打仗的老規矩。敦克爾克撤退行動從5月26日開始，6月4日結束。因為克拉克中校的筆記是6月4日誕生的，也就是當世人全都在關心敦克爾克撤退行動成功與否時，克拉克中校已經在謀畫反擊的方案。

　　雖然他很有魄力，但缺乏有效的方法。德軍軍隊展現了精湛的戰鬥力，被媒體稱之為「閃電戰」的戰術，是當時前所未聞的驚人戰術。閃電戰是集中火力突破敵人戰線後，以裝甲部隊在敵軍後方切斷補給線，包圍敵軍的戰術。這個戰術因為二戰時

被德國的海因茲‧古德林（Heinz Wilhelm Guderian，1888～1954年）、隆美爾和美國巴頓使用而出名。

　　如果說德軍是經過徹底鍛鍊、裝備齊全的鬥犬，那麼英國陸軍則是夾著尾巴逃跑的普通牧羊犬。英國自古以來都是屬於海洋國家，對陸軍戰鬥力較沒有信心，幸好當時海軍戰鬥力還很強大，但能登陸的兵力卻亂成一團，再加上敦克爾克戰敗，武器和彈藥也不足。根據邱吉爾的回憶，雖然為阻止德軍入侵英國在海岸設置了砲台，但有些地方每座砲台只有3～4發砲彈。

　　正好克拉克中校想起過去在巴勒斯坦工作的經歷。1930年代，在巴勒斯坦阿拉伯人和猶太人反對英國統治發起反抗。他們的起義雖然武裝較弱且組織不完善，一半英國軍人對這場起義感到興致勃勃，另一半甚至感到同情。

　　然而，這場叛亂的火焰並不容易熄滅。理性來看這件事完全不可能成功，但失敗並非放棄，而是激發滿腔熱情，並具有能夠傳播給人們的力量。回想起來，這其實也不是什麼新鮮事，第一次世界大戰時，鄂圖曼帝國加入同盟國的反對陣營後，英國為確保埃及的安全，以及掌握中東的油田，煽動阿拉伯半島和巴勒斯坦原住民起義。在汽車的時代，騎著駱駝，沉浸在二千多年來受陳舊習俗束縛的阿拉伯部落瞬間團結起來，建立了自己的國家。

　　克拉克中校又目睹過另一個類似的例子。克拉克出生於南非，在1899～1902年，邱吉爾年輕時也曾參加過的波耳戰爭中，

波耳人用堅毅的意志和游擊戰策略對英國軍隊進行頑強的抵抗，克拉克的想法就是在這種背景下誕生的。

　　克拉克中校的構想是要組成一支由勇敢精銳士兵組成的突擊部隊，決不向失敗屈服，也不被恐懼所吞噬。並讓這組小規模的精銳特工隊，攜帶衝鋒槍等輕武器，專突襲德軍軍營或主要設施後撤退。有趣的是，當時英軍沒有可以稱為衝鋒槍的步槍，克拉克中校想的輕武器是美國湯普森衝鋒槍，該槍是1920～1930年美國黑幫經常使用的槍型，也是好萊塢黑幫電影（Gangster Movie）的常見素材。可能克拉克中校當時是好萊塢黑幫電影的粉絲？總之，中校從個人經驗中想出了特種作戰的概念。這種戰術類似傳統的游擊戰，結合在阿拉伯沙漠目睹的反叛，形成一種新型的戰術。

　　克拉克的提議立即被採納，所創立的特種部隊就是突擊隊（Commando）。

突擊隊帶來的效果

　　突擊隊如今已成為電影中最受歡迎的專業特種部隊代名詞。現存的英國特種部隊SAS也是由突擊隊成員創立的。從當今的觀點來看，突擊隊的建立被視為一大成功，因為突擊隊的行動被視

為特種戰爭的開端，然而，在1940年代，突擊隊是否取得了相應的成就仍然是有疑問的。

突擊隊成立之初吸引了眾多志願者。那些真正的戰士，原本隱身在英國軍隊的各個角落，如今躍躍欲試挺身而出。那時正是初期階段，特種部隊的裝備一無所有，事實上，當時甚至還不存在特種部隊專用裝備的概念。他們所擁有的僅僅是強健的身體和堅韌的意志，接受了如此嚴格和艱苦的訓練，恐連現代的特種部隊成員也不禁驚嘆。

從那時開始，突擊隊的英勇事蹟就活躍於戰場。包括1941年挪威的羅浮敦群島襲擊行動、1942年法國的聖納澤爾港突襲、1941年克里特島戰役、1942年第厄普港口攻擊等，突擊隊的戰士們展現令人讚嘆的英勇壯舉。此外，他們還嘗試小規模襲擊、暗殺、破壞、俘虜敵方要員等各種特工任務。

這些戰士們的故事充滿令人感興趣和動人的情節。這些故事登在報紙上，確實能有效地讓國民歡呼雀躍，也可以說是在鼓舞士氣，但這種心理戰法也許只是一種媒體喜歡的政治表演而已。

坦白說，在突擊隊進行的軍事行動中，成功案例並不多。即使有所謂的成功行動，我們也難以確定是否值得動員特級戰士、承受如此嚴苛的訓練和犧牲，以及是否取得了戰略上相應的成就。如果冷靜評估，可能會認為寶貴的戰士們被浪費在效率不高的訓練和不必要或魯莽的行動中。

兩次作戰的意外結果

　　杜立德特工隊和突擊隊，分別在珍珠港和敦克爾克這恥辱和
黑暗的戰敗中，以鼓舞軍隊和國民的士氣為由而誕生。從冷靜和
現實的角度來看，比起投入的努力和犧牲，這二個構想的成果相
對較少，更像是達到令人印象深刻的新聞效果而已。

　　然而，這二個行動帶來意想不到的結果。杜立德空襲大大打
擊了日本，日軍立即思考要如何報復，這焦急的心態促使1942年
的中途島海戰發生，日本最終敗給美軍，從而產生改變太平洋戰
爭勝負的致命結果。如果沒有杜立德空襲，也沒有日軍的中途島
海戰，日本可能會像最初預料的那樣加強太平洋的防衛。

　　考慮到雙方的工業實力，即使日本戰敗，太平洋戰爭的結果
可能對日本更有利，未必是單方面戰敗和投降，而可能以更有利
於日本的條件結束。或者美軍的犧牲和戰爭持續時間增加，可能
導致日本面對更嚴屬的戰敗，如同原子彈之後，日本的工業力可
能完全解體並轉型為農業國。

　　突擊隊作戰也帶來意想不到的結果。正如先前提到的，突擊
隊創造特種部隊的全新概念，在北非前線誕生了SAS。與突擊隊
不同，SAS執行精密的特殊戰，讓隆美爾感嘆損失比失去一個師
還要慘痛。

　　最重要的是，突擊隊作戰向英軍展示了戰鬥的典範，並大大

提升他們的士氣。就像有經驗的戰士和沒有經驗的戰士之間的戰鬥力差異一樣，擁有這樣的精英部隊和沒有的軍隊之間，其差異也非常明顯。

激發戰士情緒

戰爭是一個極具合理性和極不合理性共存的領域，當構思戰略和戰術時，要牢記這一件事。指揮官有時會將情感面視為不合理而將其忽略。然而，由於戰爭最終是人類所進行的，士兵們的心理和士氣非常重要。因此即使有時候看起來不合理，也需要想辦法激發士兵鬥志，即便在悲觀的情況下，也不應該引起緊張和困惑的情緒，而應激發士兵的戰士精神。如果能稍微激發士兵的勇氣，指揮官應該思考並嘗試任何方法。

如何維持投資心態
——實施多空投資策略

　　股票投資深受心理影響。當大眾貪婪時，股價上漲，當人們感到恐懼時，股價下跌。投資者經常說，當大眾感到恐懼時應該買入股票，但在這種氛圍下實際買進的人並不多，在股市下跌且損失不斷擴大時仍然持有股票而不賣掉，也是一件困難的事情。

　　在這種情況下，更重要的是管理心態讓自己不會崩潰，即使需要放棄一點報酬率。股市下跌時，能產生收益的金融商品稱為做空（Short），若同時持有股票和做空商品，就算股價下跌，也會因做空商品的收益降低損失。投資用語中這種行為叫對沖（Hedge），一般投資者會對上漲的商品使用對沖策略，如果一個人大部分的資產是股票，那麼股市上漲他才能獲得收益，反之下跌就會損失。如果將部分資產換成股市下跌時能有收益的金融商品。例如，購買反向ETF、出售期貨、買進賣權（Put Option）等。當股市下跌，雖然股票產生損失，但是對沖資產可能會帶來收益，如此一來就能降低損失，反之，在會產生收益時，因為對沖資產可能會損失，而降低報酬率，可以將其視為一種保險。沒有發生事情的時候，因為要付保險費，所以會吃掉一部分的收益，但是當遇到嚴重的熊市，就能抵消

一部分的損失，減少傷害。

因此，當股市出現不穩定的預兆或是現金比例不高時，可以購買一部分能在熊市中產生收益的商品。在股市上漲時集中於盈利的股票或產品被稱為「多頭」策略（Long）。而在股市下跌時集中在能有收益的股票或商品稱為「空頭」策略（Short）。二者同時進行稱為多空股票策略（Long short）。

用來做空的資產比例不宜過高，因為比例越高，可能越會傷及報酬率。但是比例太少，股市下跌時就無法發揮防禦效果。根據不同的空頭商品，比例也會有所不同，例如，如果買進買跌期權，通常會將資產比重設定為1～3%。這種比例可有可無，因此被稱為特種部隊比重。此外，選擇高收益的空頭產品是明智的。例如，如果指數下降10%，持有約90%的股票資產也各損失10%，那麼總資產就損失了9%。相反地，如果購買1%的反向ETF獲利10%，在總資產算獲得0.1%的收益。透過「−9%＋0.1%＝−8.9%」的計算，並無法真正減少損失。

2020年2月，當時人們還感覺不到新冠肺炎的嚴重性，我執行了多空股票策略，做空商品中，我選擇小額使用強度最大的買進賣權。一個月到期後，這個做空商品帶來4,700%的收益，多虧它，可以抵消做多商品的損失。如果沒有做空商品，我在3月差點損失慘重。

如何積極利用特攻隊資產出擊

　　特殊部隊資產占總資產1～3%，不僅可以防禦，也可以用於進攻。資產特性上，當市場下跌衝擊充分減緩，會逐漸回到原本的價格，但是恢復速度並不穩定。當主力資產的股價無法快速恢復，或是上漲程度不如預期，一般人都會感到焦急。投資者忍不住，於是拋售既有股票，購買其他股票，但不久後原有股票通常就會上升的情況屢見不鮮。因此，為了堅持不賣主力資產，就要懂得活用特殊部隊資產，至少能從心理層面獲得補償。

　　因為趨勢變化快，沒有時間深入分析企業，或是認為該項投資雖然有魅力，但是變數很多，這時候可以策略性地先將特種部隊投入。若占1%的比重，產生30%的收益，總資產也會有0.3%的收益。反之，即使產生損失，也只會損失0.3%，對總資產的影響微乎其微。但是可以產生心理補償效果，所以整體而言，這種策略並不壞。

　　在市場上，因為瞬息萬變的熱門股票受到追捧，那些沒有持有這些股票的投資者可能會感到相對被邊緣化。此時，透過特種部隊股票參與市場可以幫助消除這種被邊緣化的感覺。將部分特種部隊投資回報用於餐飲或旅行等用途，體會金錢價值，即使在整個資產中的比例很小，也能帶來些許幸福感。

反過來說，如果判斷錯誤可能會面臨下跌。儘管如此，整體資產並不會受到重傷。相反地，意識到自己的草率投資方法是錯誤的，並在之後減少損失。即使股價下跌，該公司沒有問題，反而可能是增加購買的好機會。通常人們容易忘記並不介意那些自己不持有的股票，可能會錯過因股價下跌帶來的機會。

用閒錢投資股票

保持投資心態的最現實方法是不做全職投資，而是在工作或經營中賺錢，用閒置資金進行股票投資。投資不一定順利，也會遇到困難時期。在這種情況下，重要的不是放棄投資，而是暫時將其放在腦後，不去想它，當你再次關注時，股市往往會給你機會。然而，專職投資者在這種時期卻無法有所作為，因為即使沒有收入，他們仍然需要支付生活費用。相反地，對於上班族來說，可以暫時忘記投資，努力工作存錢，累積資金。隨著時間的流逝，這筆錢將逐漸累積成一大筆錢，就可以再次進行股票投資。

即使在戰爭中，如果發展超出預期進入長期戰爭，最終將是獲得補給順暢的一方獲勝。與持續獲得兵力和物資供應的一

方不同，沒有補給並只能用現有資源作戰的一方，在心理層面上已經輸了。

市場會反覆漲跌，但長期是呈現上漲趨勢。如果想藉由投資賺錢，就不能只預測短期漲跌，而是要進行長期投資，要想做到這一點，最重要的是有自我調節情緒的能力，不受短期波動影響。當我們抱持著每當災荒就買地的想法來投資，最終就能走向財富的終點。

我的投資筆記

止損

聰明的撤退技術

溫柔態度的力量

戰場上「一寸地都不能讓給敵人」和股市中「股票是要拿一輩子」這二個觀點有共同之處，那就是，如果讓出一寸土地或即使只出售一股股票，都表示「一切都會失敗」。然而，這些原則是對勝利意志的表達，如果固守這些原則將導致巨大的失敗，投資者要根據自己所處的情況採取靈活的應對態度，為了追求平均報酬率，必須能夠長期投資績優股，為了獲得高報酬率，應像巴菲特一樣能承擔風險。

　　在戰爭史上，有一句令人深思的話「一寸土地都不能被敵人
奪走」。和平時期人們喜歡這樣的話，將說這句話的領導者視為
勇敢的象徵，然而，一旦爆發戰爭，這種宣示只不過是犧牲士兵
生命的無謂掙扎，當然，這並不是認為應該放棄土地結束戰爭。
戰爭本身也是效率的競爭，在長期對抗中，那些能夠靈活並高效
利用所有資源和正當理由的國家才能取得勝利。因此，在戰爭中
也需要具備靈活思維。

德軍的靈活撤退

　　1940年5月15日早上11點左右，默茲河畔斯托訥村。分布在
山坡高地的德軍聽到了令心臟停止跳動的噪音。「是坦克！」在
班長的帶領下，反坦克班迅速下山，穿過村莊的建築。已經預先
做好準備的德軍，確定了攔截坦克的地點。但即使想要快點就定
位，士兵們的手和心卻在發抖，大戰初期，德國坦克因為注重速
度，裝甲很薄。相較之下，法國坦克由於笨重且裝甲厚，使得德
軍的反坦克武器無法攻破。

　　這個村子裡到底發生了什麼事情呢？

　　位於法國和比利時國境地帶的默茲河畔是一塊經歷無數戰
爭的土地。普法戰爭（1870～1871年）中，法軍投降的色當就位

於默茲河的中心。沿著這條河,有很多地方都記錄著從古羅馬時期、中世紀十字軍戰爭時期到現代,許多戰爭英雄和戰事。雖然默茲河的寬度大部分都是50公尺左右的狹窄河流,但它流淌在低矮的平原地帶,曲流地形面積十分寬廣。想用曲流(型態如同蛇行一樣的河川)來形容也不適合,因為它就像一條糾纏的電線一樣。在戰爭史上,可以從曲流地形雙向俯瞰進行防禦,而且當敵人想要渡河,他們的側面會暴露出來,所以經常成為重要的戰鬥據點。

1940年,德軍使用名為「閃電戰」的新戰術入侵法國。閃電戰的成敗取決於第一天的戰果,雖說首戰勝利者支配戰爭,但此時德軍的計畫不僅只是勝利,而是必須掌握計畫中的據點。裝甲部隊為了在有限的時間內一口氣突破色當地區,不僅要迅速拿下色當,還要快速壓制周圍其他的法軍據點。在色當正南向16公里處就有這樣的要衝,叫做斯托訥村。村子後面有像圍牆一樣的低矮山丘,下面只有十幾間房屋,但是在那山坡圍牆下方,是南進的必經道路,周圍沒有高地,視野開闊,再加上山坡狹窄,上去的路也只有一條彎曲而陡峭的路,對德軍和法軍來說是絕對必須占領的地點。

法軍當然在此防守,德軍派出一個營,甚至進行肉搏戰,占領了斯托訥村,但是法軍不可能就此退縮,他們派出坦克部隊試圖奪回斯托訥。德軍步兵部隊沒有火力擊敗法軍坦克,他們必須

堅守據點和敵軍的坦克攻擊。在這樣的條件下,大多數人都會想到殊死抗戰或肉搏防禦,更何況一提到德國士兵,我們就會聯想到像機器人一樣絕對服從的士兵,但是他們並非如此,在村裡的德軍步兵們靈活地藏身到一處可以俯瞰河的山坡後面的斜坡上。好笑的是,法軍坦克沒有與步兵一起出擊,當時法軍疏忽了坦克和步兵之間的合作戰術,坦克掃蕩了村莊,卻沒有看到德軍。只是轟轟烈烈地繞村一圈後再次離開,於是德軍士兵迅速返回,重新占領村莊,德軍擊退晚一步進攻的法國步兵,如果法軍坦克進軍,就撤退後再重新占領。

　　早上11點,法軍下定決心,加強坦克設備後展開攻擊,但是這次也因為步兵集結得太晚,所以只有坦克獨自上前。這時德軍也準備了12門反坦克砲,向法軍坦克發動猛烈攻擊。第一次攻擊,德軍反坦克砲的砲彈未能穿透法國坦克的裝甲而彈開,法國坦克壓制著機關槍和俘虜的反坦克砲前進,德軍步兵又開始靈活撤退。此時,德軍辛德朗中尉指揮的反坦克排發現法軍坦克側面的冷卻器暴露在外。二戰初期的坦克常常因為有這種錯誤設計而暴露致命弱點,德軍瞄準那個地方射擊,坦克就被火焰吞沒了。這個排一口氣擊敗3輛坦克,緊隨其後的坦克,因為看到前方坦克被炸毀後失去信心,馬上撤退,結果再重複一次類似的戰鬥後,德軍最終在斯托訥村戰中獲勝。

靈活撤退和放棄的差異

斯托訥村戰讓我們知道戰爭中靈活撤退的重要性,聽到這句話,可能會有人覺得很驚訝。德軍從村子撤退時,辛德朗中尉沒有撤退,而是勇敢地迎戰坦克,但如果只是反覆撤退,德軍勢必戰敗,既然如此我們是不是應該說,當其他士兵撤退時,多虧有一排勇敢迎戰,德軍才能取得勝利呢?從這個戰鬥中獲得的教訓,應該相反了吧?

恐懼的放棄和靈活的撤退,由於無法區分戰術性撤退,因此就有了這種對立,靈活撤退並不是放棄戰鬥,被嚇退的軍隊找不出打仗的方法,德軍一開始不知道如何帶這場仗走向勝利,好險有法軍失誤,才將戰敗的時間往後推遲。由於德軍反覆進行靈活撤退和前進攻擊,他們才能在現場觀察戰事情況,並比法軍更快找到敵人的弱點。辛德朗能擊毀坦克,不是因為拒絕撤退的決意,而是靈活戰術和強烈的戰鬥意志相結合所獲得的成果。

「寸土必爭」戰術的弊端

在戰爭史上,有一個極為可怕且被濫用的口號「一寸地都不能讓給敵人」。有戰爭以來,這句如同魔法般的口號,讓受侵略

方的國民群起激昂，提供戰爭名分，讓所有戰爭變成國家聖戰的理由。

　　若要「一寸領土也不讓步」就要在戰爭中取得勝利。然而，這句話有時被解讀為敵人不得越過我們的領土，這樣的口號對於接壤地區的居民來說是必要的。最好的方法是在國境線上或者超出國境擊退敵人，但是，在戰爭爆發之前，這樣的呼喊雖然為之所需，一旦戰爭爆發，就應該變得現實。在實戰中盲目堅持這一原則將帶來巨大損失，甚至可能導致戰敗。

　　這句話所帶來的無知和可怕後果非常多且令人不寒而慄，一戰時發生的壕溝屠殺就是執著於「寸土必爭」的結果，尤其是法國將軍們的執著導致了悲劇。德軍是入侵方，英軍是在別人的土地上作戰，因此他們的執著可能稍微小一點。但法軍本來就以攻擊為主，而非防禦的想法備戰，再加上遭到入侵，因此從一開始就難以期待靈活性。拒絕用引敵入侵更有利的方式來作戰，而不斷衝向由機槍和火炮防守的敵陣，最終造成較大損失，因此，法國在西方戰線上承受了最大的人員損失。在持續數年的大屠殺之後，到了1917年，法國陸軍士兵開始發生大規模反抗命令的事件。

　　英軍和德軍只比法軍好一點點，因為他們也同樣採取「寸土必爭」的戰術。一戰時德軍的必勝策略史里芬計畫（Schlieffen Plan）之所以失敗，也要「多虧於」德軍左翼勢力守護每寸土地

的策略。

史里芬計畫最初的構想是，德軍右翼從比利時繞道至巴黎，左翼如果受到法軍攻擊就撤退。法國非常執著於因普法戰爭戰敗而讓給德國的亞爾薩斯-洛林地區，為了收復這片土地，肯定會採取攻擊策略。德國知道這一點，所以他們故意撤退讓法軍進到地區內，從而將法軍主力與巴黎和德軍右翼儘可能拉開距離。

但是暫時讓出分寸土地這件事，讓德軍左翼指揮部感到憤怒。因此又反過來向法軍發動攻勢，將法軍推進法國領土內，結果法軍以巴黎為中心，整頓出堅固的同心圓陣線，並在德軍右翼成功攻擊的前一刻阻止了他們。

到了一戰後期才開始使用靈活戰術，也就是縱深防禦戰術。縱深防禦戰術是指如果敵人發動攻勢，防禦方不在一線反擊而是撤退將敵人拉入領地，然後左右夾攻、切斷後路，並殲滅敵人。

多虧於縱深防禦戰術，將軍們才似乎擺脫了「寸土必爭」的強迫症，但事實並非如此。二戰時期，不僅是西方戰線，東方戰線的蘇聯軍和德軍都為了一寸土地僵持不下，也因此犧牲了數百萬人的生命。在太平洋戰線上，日軍的一線防禦戰術和玉碎戰術也是如此。以色列軍隊與阿拉伯聯軍進行的無數戰爭中表現出極大的靈活性，但他們在贖罪日戰爭中拒絕使用縱深防禦戰術，試圖守住每一寸土地，結果在首戰慘敗給阿拉伯聯軍。

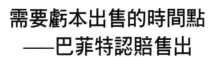

需要虧本出售的時間點
──巴菲特認賠售出

　　景氣對股市的影響很大。如果經濟好轉，股價就會大幅上漲，如果經濟惡化，股價就會下跌，即使持有優秀公司的股票，如果股市本身看起來不樂觀，績優股的股價也一定會下跌。在2008年雷曼兄弟危機期間，即使是被低估的優質股票，股價也下跌了約60%，這時無論持有哪種股票，損失都很慘重。

　　價值投資之父巴菲特建議投資者應該終身持有股票。然而，許多投資者卻因盲目遵循這個建議而蒙受損失，巴菲特說如果一檔股票不值得終身持有，就連十分鐘都不要拿著，但他自己並沒有這麼做，2020年新冠疫情爆發時打破了這個說法，他賣掉了石油股，並在2022年初重新買進。

　　我們應該要正確理解巴菲特的這句話。股市的下跌幅度因時間而異，但平均每十年會出現一次大幅下跌，每二年則會有較小的下跌，股票新手在熊市到來時，不知道那是大跌還是小跌。這時只要記住一個原則，那就是在下跌後，優質股票會重新找回自己的價值。從這個角度來看，不論優質股票是下跌還是上漲，都不要過多關注，持續堅定累積股票是追求平均報酬

率的一種方法。

　　但是巴菲特是追求超出平均報酬率的投資者，況且他在美國股市打滾八十多年，是一位經歷過無數挑戰、堅持生存下來的老兵。在這期間，許多投資天才在金融危機中消失，但巴菲特卻像唯一倖存者一樣活著。其原因是他在大危機來臨之前就賣出股票，持有現金的投資策略。

巴菲特預測危機的方法

　　目前尚不清楚巴菲特是如何預測大危機。但是根據已知的資訊，當股市過熱、所有股票的成交價都很昂貴時，「巴菲特指數」超過100%。即企業們的市價總額大於該國的國內生產總值（GDP）時，他認定市場過熱。這裡的巴菲特指數是指市值與GDP比率，通常指數在70～80%之間表示被低估的市場，而超過100%則被視為市場泡沫。

　　在2000年，當IT概念股形成巨大泡沫時，其他投資者因為投資IT股賺了很多錢，而巴菲特因為沒有IT股票而被嘲笑。然而，巴菲特表示市場過熱，加上IT股票價高而沒有實質業績支撐，因此他沒有買入，不久之後，IT股票價格大幅下跌，投資者蒙受重大損失，巴菲特相對少受損害，並成功在市場中生存

下來。

　巴菲特在投資中也像一位將領一樣，懂得在市場失利時果斷撤退。在市場即將復甦之際，巴菲特會大量購買優質股票，利用他這段時間累積的現金，大舉購入真正的績優股。這就是所謂在敵軍的猛烈攻擊減弱時，再次展開總攻勢，大舉占領要地的方式，巴菲特透過這種過程多次重複，在數十年間成為世界級的富豪。

　最近，巴菲特展現了這樣的行動，尤其是在石油股投資上。2019年，巴菲特投資石油股，然而，2020年突如其來的新冠疫情導致油價大幅下跌，石油股股價也急遽下滑，巴菲特在這段時間內全面出脫石油股，處理了損失，確實做出了撤退的舉動。然而，到了2022年，西德州原油價格超過100美元，石油公司開始賺取大筆利潤。巴菲特以高於他原先賣出售價的更高價格購買大量石油股，特別是迅速收購西方石油公司20%的股份，掌握了主導權。

　2020年，巴菲特買入日本五大商社的股份。這些公司在全球擁有大量礦產、資源、農地。而且二年後通貨膨脹加劇，這些企業擁有的資產價值大幅上升，股價也上漲。

　好的，整理一下巴菲特的生存方法。當別人的注意力在其他地方的時候，他看到更遠的未來，提前投資好企業。回顧他的投資可以發現，他成功預測過度流動性引發的通貨膨脹和油

價上漲，因此他重新買入了自己止損的石油股。

　　股價下跌時，我們通常都會認賠出售。許多情況下，人們看的是股價而不是企業的價值，然而，巴菲特則是根據企業的價值，而不是以股價來做出止損決策。如果一家企業的價值良好且持續穩定，只是股價下跌就認賠出售，非常有可能後悔。我們需要培養像巴菲特一樣能看出企業價值的眼光。

我的投資筆記

成長股

追上冠軍的黑馬

關注新成長產業

黑馬是指像彗星一樣登場，跌破所有人眼鏡奪冠的賽馬。從導致羅馬帝國沒落的日耳曼民族到超越諾基亞的蘋果，再到超越豐田的特斯拉。在激烈的競爭中，到處都有追逐冠軍的黑馬，聚光燈下冠軍的宿命就是，要在暴露自己一切的情況下迎接挑戰者的挑戰。相反地，挑戰者則在神祕面紗中勉力追趕，冠軍的不確定因素和新黑馬的登場，投資者要將目光放在這二種可能性上。

「黑馬（dark horse）」。這個詞源於賽馬，表示不是冠軍候選，但突然登場並打破眾人預想獲勝。之所以稱其為「黑」馬，是因為這匹馬的資訊和能力等不被公開，無法預測輸贏。如果能力得到充分公開，那麼這匹馬的勝利就不會那麼令人驚訝，在戰爭史上，也經常發生這樣的情況，即黑馬擊敗冠軍。

最具代表性的例子就是將羅馬帝國引向衰亡的戰役。歷史學家們認為，羅馬帝國由於統治者的墮落和眾多內戰，逐漸走向滅亡之路，此外還有一個值得關注的地方就是羅馬帝國的殺手兼黑馬角色——日耳曼人的活躍表現。屬於日耳曼人一支的哥德人發起的哈德良堡戰役被稱為驚動世界的一場戰役。

羅馬史的衝擊事件

讓我們追溯距今1600多年前的古歐洲。羅馬帝國國境之外，被羅馬人稱為「野蠻人」的族群居住著。其中，北方的居民被稱為日耳曼人，包括了哥德人、汪達爾人、維京人等。生活在多瑙河附近的哥德人因為輸給從東邊猛撲過來的匈奴人，原本強大的部族被摧毀。最終，他們放棄自己的家園，穿過多瑙河向羅馬帝國求援，但羅馬的瓦倫斯皇帝（Valens，公元328～378年）和總督們對他們並不友善。這時哥德人意識到，對於失去土地和力量的

人，無慈悲可言，當哥德人發動叛亂時，瓦倫斯皇帝就準備親自率領軍。

雖然瓦倫斯不是出色的指揮官，但羅馬軍隊擁有豐富的戰鬥經驗，而且司令官們身經百戰。在瓦倫斯看來哥德人是一群飢餓並受折磨的難民，聽聞哥德人騎兵們為了獲取糧食不在本營的情報，瓦倫斯皇帝決定發動襲擊藉此機會掃蕩哥德人的大本營。事實上，將領們比皇帝更加熱切且充滿自信。

終於，在公元378年8月9日，位於土耳其北部的城市哈德良堡（現稱埃迪爾內）發生了一場將在世界歷史上留名的戰爭，瓦倫斯皇帝指揮的羅馬軍開始向哥德人進攻。

哥德人步兵分成二隊。用車圍成一個圓陣，聚集物資和老弱病殘，並用步兵築起防線。圓陣的前方部屬輕裝步兵，羅馬在中央展開了以羅馬自豪的步兵軍團為核心，並在左右兩翼部署騎兵。右翼騎兵參與步兵的進攻，左翼騎兵則離開主陣地，尋找並阻擋哥德人騎兵，雙方的兵力並沒有確切的記錄，但從客觀實力和嚴密武裝的軍隊數量來看，羅馬軍處於優勢，哥德人竭盡所能拖延時間，直到騎兵返回。

哥德人的陣勢雖然混亂不堪且搖擺不定，但羅馬軍隊的進攻陣型也變得雜亂無章。如果當時立即發動迅速進攻，也許就能使哥德人戰敗，但羅馬軍隊並未迅速作出反應，步兵和騎兵之間的協調也不夠緊密。

　　儘管戰鬥開始後，羅馬軍緊逼哥德人。哥德人的第一線崩潰，撤退到了最後的防線圓陣內，然而，羅馬軍隊沒能活用這個機會，哥德人構築的圓陣防禦堅固，雖然騎兵攻擊對其來說不切實際，右翼的騎兵仍匆忙發動攻擊並最終戰敗後撤。在找不到哥德人騎兵的情況下，一部分羅馬軍左翼騎兵參與了對哥德人大本營的攻擊，他們違背騎兵本身的職責，原因可能是對戰利品心生貪念。羅馬軍團之所以能在高盧戰爭後，維持四百多年的勝利都是多虧於他們井井有條的秩序與有組織的戰鬥。即使在當天的戰鬥中，儘管地形不利且某些部隊缺乏戰鬥經驗，羅馬軍卻完全失去了自身的優勢。

　　哥德人的頑強防守使攻擊的羅馬軍陣型更加混亂。這時，原本外出覓食的哥德人騎兵突然出現，他們發現羅馬軍隊正屠殺自己的族人，並將他們捉為奴隸。羅馬軍如同飛蛾撲火般蜂擁而入哥德人營地，在左右翼騎兵全面潰敗，陣型也已崩潰的情況下，羅馬步兵對哥德人騎兵來說無疑是輕而易舉的獵物。即便如此，如果羅馬步兵能夠快速恢復隊形並轉為防禦態勢，也許能減少犧牲，但是羅馬軍隊沒有展開防禦線，而是選擇逃向後方的要塞，這導致了一場慘烈的屠殺。羅馬軍團的三分之二慘遭全軍覆沒，瓦倫斯皇帝、將軍們、步兵隊（Cohort，羅馬軍團的編制單位，相當於現在的營）的指揮官們幾乎全部喪命，皇帝瓦倫斯連屍首也未被尋獲。

　　如果當初羅馬軍隊騎兵沒有魯莽地攻擊用車輛圍成圓形路障抵抗的哥德人，而是讓步兵來處理他們，或許可以阻止哥德騎兵的突襲。如果哥德人騎兵戰敗逃走，哥德人主營士兵的士氣也可能會迅速下降，陷入恐懼中。在這種情況下，羅馬軍隊至少不會遭受如此慘痛的失敗，這場失敗對羅馬來說是一次巨大衝擊。羅馬軍團並不是第一次在高盧或日耳曼地區戰敗後被消滅。然而，當時被視為民兵的哥德人難民，卻在夜戰中殺死了羅馬皇帝並摧毀主力軍團。這代表著什麼呢？

　　哈德良堡戰役是象徵羅馬帝國衰落的事件。衰弱的羅馬帝國於公元395年分為西羅馬帝國和東羅馬帝國。一百年後，西羅馬帝國和首都羅馬都落入日耳曼人手中。

忽視黑馬的原因

　　人們將失敗的原因歸因於羅馬帝國的腐敗、瓦倫斯皇帝的無能、自軍人皇帝時代後羅馬持續的內戰和分裂。然而，最重要的因素是羅馬人對日耳曼人一貫的看法，這並不是說他們輕視日耳曼人，忽略他們的潛力。自凱撒討伐高盧時起，羅馬人對日耳曼人的實力瞭如指掌，絕不掉以輕心。

　　自一世紀，奧古斯都皇帝以來的四個世紀，羅馬軍與日耳曼

人打了無數場仗。羅馬不像高盧那樣直接統治整個日耳曼地區。羅馬帝國和日耳曼地區之間的邊界主要是多瑙河，這條從德國南部流向羅馬尼亞的這條河，被視為是羅馬皇帝們確定的一條界線。

因此，羅馬人更加重視跨越多瑙河的日耳曼人動向。當日耳曼人展現對羅馬構成威脅的跡象時，好戰的皇帝和將軍們會願意跨越多瑙河，粉碎日耳曼人的野心，將該地區重新變為混亂、分裂和衝突的場所。羅馬人只有看到日耳曼人分裂、互相爭鬥和報復，或是人為地製造這種狀況，才能夠安心入眠。

正如此前所述，羅馬人對日耳曼人從未掉以輕心，但問題是滿足於沒有掉以輕心這件事本身。羅馬人小看了日耳曼人逐漸成長並懷著征服帝國的野心，以及培養著能自己統治帝國的自信。到了四世紀，日耳曼地區出現明顯的徵兆。法蘭克人進入羅馬境內，展現了令人驚訝的能力和行動，在多瑙河東側，建立東哥德王國和西哥德王國。

其實從公元3世紀開始，日耳曼人乾脆以萬人為單位送往羅馬軍隊服役。他們從羅馬人身上學習和引進了許多東西。在這裡，比起學習軍隊技術和對羅馬橫行的民族憤怒和反感，更可怕的是「我們也想像羅馬一樣」的慾望。然而，這樣的舉動在羅馬人的眼中顯得既不穩定又笨拙。

回頭看發展中國家、新進企業的領先者總是這樣說「哼，還

差得遠呢」、「不用太擔心。媒體和人們的說法都有所誇大。我們也一直在關注，雖然人們總是看表面說事，但我們對他們的內部瞭解比任何人都要透澈。」他們總是說人們只會模仿外表，內部卻在許多方面落後許多。

領先者總是只看自己和追趕者之間的差距。不看他們三十年前的位置和現在的位置，他們的成長速度和內部的熱情，但是真正值得注意的部分是這一點。即使有注意到這些方面，也常常犯錯誤，領先者會認為：「他們比我們落後三十年。也就是說要追趕上我們，還需要三十年時間。」用加速前的狀態來衡量，這樣的計算總是錯誤的。比如，在海拔1500公尺的高山山頂，氣溫升高一度需要多長時間？假設正確答案是一個小時吧。但如果那座山是一座火山，並從裂縫中開始散發氣體和岩漿呢？升高一度可能不需要一秒。

如果羅馬人能正確地認識到日耳曼人的變化和新風險，他們應該意識到長期的內部紛爭、頻繁的政變、老套的領導力、逐漸消失的公民精神和安全意識的變化。然而，他們沒有這樣做，羅馬因內戰而衰弱，但由於未能察覺增長的風險，他們無法控制或阻止內戰的發生。

冠軍的宿命

羅馬敗給日耳曼人的另一個重要原因是，冠軍是被暴露在外的，冠軍的宿命是要在暴露自己一切的情況下迎戰挑戰者。如果戰績輝煌的冠軍輸給無名的挑戰者，我們會說他「掉以輕心」，但事實上，大多數情況下導致失敗的原因不是大意，而是實力的暴露，冠軍處於聚光燈下，而挑戰者則藏匿在幕後。

無論是戰鬥還是競爭，沒有比暴露我方的策略、位置、行動方式、優缺點更危險的事。如果潛伏在黑暗中的狙擊手配備夜視裝置，即使在遠處進行狙擊時開槍和槍口閃焰也不暴露，以此進行狙擊，甚至面對一對一百的戰鬥也有獲勝的可能性。

密切注意黑馬企業
——諾基亞的沒落和蘋果的崛起

　　在商業界中，有許多世界頭號企業被不為人知企業擊敗的案例。從1998年開始，連續十三年間一直是手機市場全球市占率第一的諾基亞，因為蘋果這一黑馬而沒落。當時，手機從黑白到彩色，音質和畫質也由單聲道變成256聲道品質逐漸提升。當時的市場也是多樣化設計的競爭場所。摩托羅拉、LG等公司競相推出許多漂亮的設計。

　　問題是蘋果用完全不同的策略進入市場。蘋果用超越手機、手掌上的電腦、智慧型手機等武器進軍市場，當iPhone於2007年問世時，其他手機公司小看了智慧型手機。然而，智慧型手機在市場上獲得巨大迴響、廣受歡迎，接觸或體驗過iPhone的人就再回不去其他型手機。在一瞬間，像諾基亞這樣的帝國崩潰了，看到這種變化，快速切入智慧手機市場的三星電子得以生存，Galaxy系列逐漸增加市場占有率，建立起與iPhone並列的雙頭格局。然而，在營業利潤方面，沒有企業能與蘋果匹敵，2007年iPhone上市時，蘋果股價為5美元左右，目前漲幅已超過30倍以上。

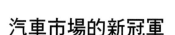

汽車市場的新冠軍

　　現在在汽車市場上也掀起這種風潮。從銷售量的角度來看，長期以來的冠軍是豐田，但未來豐田是否能繼續保持第一位置尚難以預測。豐田反映日本經濟在過去失落的二十年，它只配備必要的功能，盡量降低費用，嚴格管理庫存，減少不必要的浪費。換句話說，豐田是守勢強者而非攻勢，此外，豐田是全球混合動力汽車市場的壟斷者，占有87%市占率的領先企業。他們的混合動力技術堪稱世界第一，即使其他企業也無法實現。因此，他們進入電動車市場相對較晚。

　　然而當豐田決定進入電動車市場時，發現特斯拉已占領先地位。當大多數人一提到電動車，就會立刻聯想到特斯拉，特斯拉給人一種年輕、新穎的感覺，而傳統的汽車製造商則讓人聯想到過去的諾基亞等形象。

　　傳統的汽車製造商宣布進入電動車市場，但是電動車的生產方式與傳統內燃機的生產方式截然不同。因此，必須拋棄或轉換許多外包製造商，然而，不太可能將所有外包製造商轉變為電動車供應商。反之，電動車起家的特斯拉只需要電動車相關人才。不僅不需要人才轉換，而且大部分可採自動化生產，所以特斯拉的生產效率很好。此外，特斯拉的車輛生產速度迅速增加，隨著時間的推移，內燃機汽車和電動車的生產數量將

出現逆轉。這樣一來，豐田將退出過去的冠軍位置，而特斯拉將成為新的冠軍。

　　在股票市場中，投資者喜歡那些在競爭對手缺席的情況下獨自成長的企業，或者是新興企業急速崛起。此外，如果第二名升至第一名，該股票價值將獲得溢價，對於優秀的投資者來說，他們需要培養尋找黑馬股的眼光。

我的投資筆記

通貨膨脹

戰爭與通貨膨脹

面對危機也能成長的企業

戰爭結束後，必然會引發通膨。原因是因為軍隊的糧食、裝備、物流等方面會產生龐大的交易，而為了重建工業和經濟，國家會在市場上大量注入資金。這種通膨除導致物價上漲外，還有可能使國民經濟陷入泥沼。然而，即使經濟困難，人們對奢侈品和民生必需品的買氣也不會減少。最終，在通膨環境下，仍會有一些企業能夠在不景氣中蓬勃發展。這就是為何在通膨時代投資者應該關注某些企業的原因。

　　在戰爭結束後，經濟戰爭將隨之而來。一戰結束後，席捲德國的惡性通貨膨脹是世界史上的傳奇。通膨在1923年初達到巔峰時，德國貨幣馬克的匯率達到1美元兌換18,000馬克，這已經是非常嚴重的狀況，但到8月底，匯率達到460萬馬克，到了11月更是達到40億馬克。

　　這是一個非常特殊的案例，人類從那之後沒有再次經歷過這樣的通膨，然而，不能保證這種通膨不會再次發生。相反地，導致通膨的因素在我們這個世代依然存在，由於世界局勢變化太快，互相連結得太深，我們生活在一個任何事情發生都不奇怪的時代。

　　從歷史角度來看，戰爭會在結束後引發通貨膨脹，這種現象的原因和形式會因時代和地區而異。

羅馬時代通貨膨脹

　　隨著帝國的擴張，貨幣源源不斷地湧入羅馬。隨著新商品、新市場和利益的增加，奴隸等也不斷增加，皇帝和富豪們的慾望也激增。此外，隨著帝國的擴張，軍隊的維持費用也增加；過去，在征服戰爭中，即搶劫物品、奴隸等可以抵銷士兵低薪，但當和平持續下去時，無法再期望獲得這種收入的軍人們開始要求

加薪。

為了負擔皇帝的奢侈，以及軍事開支，財政擴大就變得必要，皇帝們找到一個簡單的方法，那就是減少鑄幣中的銀含量。舉例來說，要鑄造價值100個單位的銀幣，必須使用價值100個單位的銀來製造，然而透過減少鑄幣中的銀量，實際價值和名義價值之間就出現差異，當使用者察覺到這一點時，貨幣價值下跌，商品價格上升。除了這個簡單的方法外，還有更複雜和困難的原因，但對於理解戰爭和通膨的案例來說，這就足夠了。

朝鮮時代的情況

在中國或朝鮮的情況下，一旦發生戰爭，就會增加糧食徵收。雖然也是要用來餵飽士兵們，但當時是用糧草當租稅、穀物代替貨幣的時代，所以為了籌集軍需物資等各種成本，會增加糧食徵收量。

另一方面，由於戰爭而被徵召到軍隊的農民成為缺乏勞動力的現象。在遭受侵略時，農民們可能放棄耕作來參與戰爭，進而導致糧食生產減少，隨著糧食短缺，糧食價格上漲，其他物價也會隨之上漲。在朝鮮時代，由於商品貨幣經濟發展較少，這種現象不太被視為通膨，而被視為增稅。當政府加稅時，所有物價都

會上漲，生活變得更加困難。朝鮮政府應如何應對財政擴大的問題呢？由於市場經濟和貨幣經濟尚未發展，無法像近代國家一樣透過貨幣發行來彌補這個差距。理想的方法是政府應預先準備的儲備糧食以解決這種緊急情況，或者在不增加稅收的情況下，將這些儲備用於軍需和戰爭費用。

青銅器時代、初期鐵器時代的國家治理書《禮記・王制》中有這樣的記載「一個國家應當有九年的積蓄（國無九年之蓄曰不足）」。也就是說如果徵收三年的賦稅後，應當存留約一年的財政備用以應對緊急情況。換言之，適當的稅收額應當是年度財政的133%左右。收入的75%用於支出，約25%用於儲蓄，如果這樣儲存九年，將能累積三年的財政收入，因此當中國和朝鮮的官員們每次提到財政或稅收問題時都會提到「如果一個國家沒有三年的積蓄，那就不是一個真正的國家（無三年之蓄曰國非其國也）」。

這句話聽起來確實很好，但僅僅是理想論而已。雖然很多人相信這可以做得到，但從韓國和中國的王朝歷史中，卻從未儲備過相當於三年國家財政的糧食（雖然根據《舊約聖經》記載，在埃及約瑟儲備了七年糧食）。

最終解決的辦法是增稅。為了籌措軍糧，政府會徵收更多糧食，考慮到退耕地區、受災地區，如果想救濟難民、貧民就需要更多的糧食。此外，在戰場上陣亡或因增加的稅負逃避納稅的

人增加,納稅人數大幅減少,因此對剩下的人口加重稅負。大多數百姓在家庭中的糧食比例,即恩格爾指數(生活費中飲食費所占的比率)非常高,比起從市場上購買物品,更多人選擇自給自足。因此對於百姓來說,比起陌生的通貨膨脹概念,他們對加劇的稅收更感到印象深刻,然後就引發他們對政治的不滿。通常遇到這種情況,百姓們認為與其歸咎於經濟部門的無能,不如說是因為統治階層、權力者的貪慾和權力濫用,如果這種情況變嚴重,就會引起民變或叛亂。戰爭,特別是他國侵略引起的戰爭,會激發人民的愛國心,雖然能讓人民暫時團結起來,但戰後的通貨膨脹會導致叛亂。

雖然這種通貨膨脹似乎與現代世界沒什麼關係,但事實上並非如此。俄烏戰爭撼動世界糧食市場。俄羅斯和烏克蘭是世界第三～四大的穀物出口國,但因為戰爭和經濟制裁而無法順利流通,這就是通貨膨脹和戰爭所產生的影響。

在國際社會的擔憂中,幸好烏克蘭、俄羅斯、聯合國、土耳其四方達成協議,開通烏克蘭的黑海航線,從而恢復糧食出口。開戰後達到歷史高點的世界糧食價格指數終於下跌。如果沒有採取這些措施,糧食價格就會持續飆升,由此引發的通貨膨脹、社會、政治的劇變可能會席捲全球。當然,未來將會發生什麼事情,無人能預測。

第一次世界大戰與金本位制

最後來看一下二十世紀的世界大戰和通貨膨脹。第一次大戰一結束，每個國家都發生通貨膨脹。因為各國把從十多歲到五十多歲的國民投入戰場，因此軍隊的糧食、裝備、彈藥、物流等各個方面，都產生巨額的成本。此外，戰後還要重建工業和經濟，對參戰勇士的補償金和對傷兵、陣亡者、遺屬的福利成本，也要由國家財政承擔。

戰時因為急需用錢，所以政府印製發放貨幣，當然，這將導致通貨供應過剩。在第一次世界大戰之前，各國還使用金本位制（以若干黃金的量作為衡量貨幣單位價值的貨幣制度）。也就是說在中央銀行保存黃金，並按照黃金的價格發行貨幣，但是因為每個交戰國都用印製大量貨幣以應對危機，導致貨幣發行過多，無法再維持金本位制。結果在第一次世界大戰後，世界放棄了金本位制度，金本位制度的廢除是代表現代戰爭前後通貨膨脹惡性循環結構的典型案例。

在2022年因為持續三年以上的新冠疫情，加上俄烏戰爭，全球經濟面臨所謂的「完美風暴」（這是指嚴重的全球經濟危機）。也有人擔心會發生類似1920年代肆虐全球的大蕭條，若在這種情況下中國和臺灣爆發戰爭，全球可能會先經歷經濟崩潰，再次嚴峻到比核彈撞擊前更糟的程度。

　　俄烏戰爭可能同時引發羅馬式、朝鮮和中國式、以及二十世紀式的通貨膨脹，對全球構成嚴重威脅。這種情況是前所未有的，即便是傑出的學者也很難給出簡單的答案，即使各國提出解決方案，由於全球產生併發症狀，仍有可能引發不同國家、地區間的不同問題和衝突。

不是一般的通貨膨脹
──「惡性」通貨膨脹帶來的影響

　　一般來説，通貨膨脹在股市中被視為良機。當物價逐漸上漲時，消費者會提前消費，因為現在買比以後買便宜，進而促進消費。隨之，企業獲利增加，增加投資，接著創造更多就業機會和加薪，進一步擴大消費能力，這就是通貨膨脹對全球經濟所帶來的積極作用，事實上，過去數十年的通貨膨脹確實產生了這種影響。

　　而現在我們面對的是通膨急速上升的「惡性」通貨膨脹。當物價急劇上漲時，消費者並不是提前消費，而是完全放棄購買。例如，今年水泥、鋼筋等建築材料價格飆升，建商放棄在郊區興建公寓大廈，因為他們認為這種價格急劇上漲的情況並不會持續太久，而是被視為暫時性的，因此會等到明年建築材料價格回歸正常時才恢復建造。因此照往年來看，應該產生的消費也會萎縮，導致經濟衰退。

通貨膨脹長期化帶來的問題

　　現在總結一下現況。2008年為了擺脱全球金融危機，美國

釋出鉅額資金，並從2015年底開始撤回這些資金。2018年美中貿易爭端導致經濟放緩，再次降低利率。在這種情況下，2020年爆發新冠疫情，而當時資金不僅無力收回，甚至還要釋放更多現金。由於流動性刺激，經濟似乎恢復正常，但隨著止痛藥效果漸退，問題開始浮現，自2021年起通脹迅速蔓延，美聯儲已經決定提升利率並收回流動性資金。

到了2022年，俄羅斯入侵烏克蘭，全球糧食供應受到影響。石油業因為環保政策無法迅速擴產，導致油價飆升。疫情後，由於流動性刺激導致泡沫出現，建築業景氣因此復甦，中國像黑洞般到處吸納鐵礦砂、木材等原物料，導致原物料價格飆漲。

由於新冠疫情不斷延續，港口和物流運輸勞工短缺，供應不足導致產品價格大幅上漲。再加上新冠疫情以後的二年間發生反聖嬰現象，南太平洋右側海洋溫度下降，出現異常氣候，南美、北美、澳洲等地的糧食產量也受到重大影響。還有一些地方因為洪水而導致鐵礦砂生產中斷。

突如其來的不幸事件接踵而至，使得2021年表現良好的股市在隨後的一年開始急劇下跌，彷彿被潑了冷水一樣。就通貨膨脹狀況來看，這些長期問題都不是無解的，戰爭總有一天會結束，反聖嬰現象也會結束，原油生產也能根據政策調整，這樣一來物價得以穩定，也不用像現在這樣過度升息。

　　但如果這些問題長期化，物價將無法恢復到先前的水準。如果價格上漲到一個階段，就很難再跌回，這樣一來薪資上漲，資產價格也都會上升。雖然眼下資產價格似乎在下跌，但最終只有資產擁有者受惠，而庶民們則變得更加貧困，不管是通貨膨脹還是惡性通貨膨脹，終究還是擁有資產比較有利。由於貸款利率可能飆升，因此最好不要借錢來投資。

應該投資哪些企業呢？

　　在通脹情況下，最有利的投資是投資於不受價格轉嫁影響的產業。在企業中，如果從銷售價格減去原物料價格，就會產生利潤，但如果原物料價格大幅上漲，就必須同步提高銷售價格。然而，有些企業可能無法做到這一點。原物料價格上漲，但無法提高銷售價格，企業利潤急劇下降，股價也會下跌。然而，從事一級產業或者能夠將原物料費用轉嫁給客戶的企業，則可以在通脹中生存。舉一個例子，糧食業。穀物只需提供肥料和水就能生長，影響糧食業的價格變動主要在於肥料和農機價格，由於原物料費用增加程度不大，所以糧食價格上升時，利潤也隨之增加。

　　像鐵礦砂、鋰、鎳、木材、水泥等原物料產業也會從通脹

中受益。這是因為原物料價格的影響通常是價格上漲，而不是下跌。股神巴菲特似乎預料到這種情況，因此在2020年夏季收購日本主要公司的股票，之後，這些公司在全球資源開發中進行投資，獲取了大量收益。

相反地，生產中間產品的公司需承擔原物料價格上漲的負擔，然後再向成品製造商要求提高中間產品價格。但由於成品製造商擁有更大的市場權力，因此有可能拒絕接受價格上漲。這將導致中間產品公司的利潤減少。

如果成品製造商可以轉嫁價格給客戶，他們可以提高價格以獲得比通脹成本更高的利潤，但如果品牌不強大，則可能承受巨額損失。

例如，2022年上半年特斯拉因通貨膨脹上調價格高達四次，但並沒有流失太多顧客。因為人們比起想買電動車，其實更想買「特斯拉」。同理，即使星巴克將咖啡價格上調30元左右，也不會流失太多顧客；但是品牌力較弱的咖啡企業將價格調漲30元則會流失大量顧客。換句話說，對於成品製造商來說，擊敗通脹的力量源自品牌實力。

即使通貨膨脹導致經濟困難，人們也不會減少對奢侈品或生活必需品的消費。因此，在通貨膨脹情況下，也會出現一些不受景氣低迷影響、能賺錢的企業。甚至有可能在通貨膨脹中受益，可能會出現股價大幅上漲。

我的投資筆記

未來

為即將來臨的未來做準備的力量

從失敗中讀懂變化的趨勢

未來並非一瞬間到來。未來社會的變化不會像刀子一樣瞬間切割時間和空間而出現，變化就像水滲透到岩石中一樣，慢慢地到來。因此，準備未來並不是一瞬間放棄過去，換上新武器這種事情。變化的要素已經在我們周圍被發現或應用，我們必須從當前的失敗中學習，抓住未來的變化並積極應對。如果我們能從失敗中學習，則失敗將不再是失敗，而是未來成功的養分。

俗話說「失敗是成功之母」。根據我們如何接受失敗，它有可能成為成功之母，也有可能產生另一個失敗。

名將不表示沒有犯錯或判斷錯誤，也不代表沒有失敗。而是指能從失敗中學習，比對手更快速變革的領導者。不僅如此，世紀的名將會從失敗中尋找改善對策，還能敏銳地察覺世界的變化。

然而，從戰爭史觀察，有許多指揮官並非從失敗中學習，而是繼續重複相同的戰術，甚至做出更糟糕的選擇。因此，歷史上充滿了較多的「糟糕將領」，而不是名將。

斯巴達軍VS.雅典軍

B.C. 390年，從位於希臘城邦科林斯東北部海岸港口城市勒凱翁出發的600名斯巴達重裝步兵，行軍經過科林斯。在科林斯有卡里阿斯三世（Callias III，？～B.C. 371年）指揮的雅典軍重裝步兵隊和伊菲克拉底（Iphicrates，B.C. 418？～B.C. 353？年）指揮的輕盾兵（Peltast，用半月形盾牌武裝的輕裝步兵，以下本文以「輕裝步兵」表示）部隊駐紮。斯巴達軍雖然知道雅典軍駐紮在科林斯，但憑藉對自己戰鬥力的高度自尊和自信，自信地沿著科林斯大膽行軍。

　　伊菲克拉底知道雅典的重裝步兵不是斯巴達軍的對手。但是輕裝步兵隊呢？輕裝步兵用小盾牌和標槍武裝，沒有佩戴其他防禦裝備。如果短兵相接，並非重裝步兵隊的對手，但如果保持適當距離，並用標槍攻擊，足以對重裝步兵隊造成損失。

　　如果重裝步兵隊追擊，輕裝步兵隊可以馬上撤退。身穿近20公斤的重武裝步兵絕對趕不上輕裝步兵隊的腳程，為了以防萬一，伊菲克拉底讓卡里阿斯的雅典重裝步兵隊在城牆附近待命，並率領輕裝步兵隊朝著斯巴達軍的密集隊形進行突襲（部隊成員以狹窄的間隔和距離，橫豎排列的隊形）。

　　斯巴達軍雖然用頭盔和盾牌保衛自己，但雅典軍輕裝步兵隊用快速的腳程瞄準側面和背面投出長矛，而非防禦力高的正面。重型步兵因為盔甲沉重，所以只在正面佩戴護具，側面和背面毫無防備，伊菲克拉底的攻擊非常有效，斯巴達軍隊接連出現傷者，雖然不足以瓦解隊形，但若繼續保持這種狀態，只會無奈地增加犧牲。

　　某位不知名的斯巴達將軍命令跟著重型步兵隊一同行動的輔助兵（沒有武裝，通常負責運送重型步兵隊的裝備），將傷員護送到勒凱翁。輔助兵如果不想被雅典輕裝步兵抓住，就要帶著傷兵快速奔跑，估計每個傷兵都有3～4名以上的輔助兵護送，為了能讓傷兵們順利到達勒凱翁，重裝步兵隊必須拖住輕裝步兵隊。斯巴達將軍命令重裝步兵進攻，斯巴達軍的密集隊形根據年齡分

為三隊，他派出第二隊，此隊成員包含30多歲的士兵。斯巴達的少年們7歲時進入集體寄宿學校接受斯巴達教育（Agoge），20歲參軍，兵役義務到50歲為止。其他希臘城邦的兵役義務上限也差不多為50歲。

重裝步兵隊一衝出去，輕裝步兵隊知道自己無法應戰白刃戰，於是向著自己的重裝步兵隊迅速撤退。重裝步兵隊根本趕不上輕裝步兵，這次攻擊應該止步於驅趕輕裝步兵隊，然而，斯巴達士兵們因為受到傷害，並且面對著不利的戰況和受傷的同袍，出於自尊和復仇心理，每個人都盡快以最高速度前進。

斯巴達戰士憤怒地奔跑完全打亂重裝步兵隊的隊形。甚至即便如此也抓不到任何一名輕裝步兵。而且即使他們到達雅典軍重裝步兵隊前，不排好隊形就無法與他們拚搏，因此只能停下跑步，無奈之下，斯巴達的士兵只好轉向回主營。

伊菲克拉底仔細看著斯巴達軍放棄追擊而返的樣子，他們非但沒有排好隊型撤退，還各自分散返回。伊菲克拉底的手再次向前伸去，輕裝步兵們緊握著長矛，馬上衝出去，伊菲克拉底有預想到這一刻，所以早就訓練好輕裝步兵隊。輕裝步兵必須瞄準重裝步兵的側面，輕裝步兵逼近時，重裝步兵為了保衛自己，會把盾牌朝著輕裝步兵立起，這時如果輕裝步兵往側邊轉身跑，重裝步兵就會隨著輕裝步兵的移動旋轉。如此一來，需要在外側畫著大圓圈移動的輕裝步兵需要消耗相當多的體力。伊菲克拉底的輕

裝步兵隊訓練有素,在追擊重裝步兵隊時直接分成二隊。第一支部隊向前衝並投擲長矛,第二支部隊繞到側面的同時投擲長矛,第一次進攻就順利打倒約十多名斯巴達軍。

目睹這一幕的斯巴達將軍立即調集35歲以上,即擁有十五年以上經歷的老將士兵。雖然在白刃戰中,他們更加老練,但當要比誰跑得快,他們就大大不如前面派出的士兵了。

當他們一衝出,輕裝步兵隊就靈活地撤退,並用同樣的方式再次反擊。這次輕裝步兵營變得更加熟練,因為第一次交戰的勝利增強他們的信心和勇氣,發動更強大和大膽的攻擊。

斯巴達軍會失敗是有原因的

斯巴達軍得知重裝步兵陷入苦戰,才姍姍來遲地派出騎兵。但是騎兵隊也無法壓制輕裝步兵隊。

當時的騎兵沒有馬鞍,因此只能靠著膝蓋和大腿的力量來支撐坐騎。因此如果展開白刃戰,就很難騎在馬背上保持身體平衡,如果用長矛刺向步兵的盾牌,騎兵就會因為反作用力從馬背上摔下來。所以此時的騎兵們比起步兵專用長矛,更喜歡用標槍。但如果要跟兩腳穩定站在地上的輕裝步兵展開標槍戰,對騎兵而言會比較不利,如果跟著到處奔跑的輕裝步兵急劇旋轉或移

動，由於沒有馬鞍很難抓住重心，因此很難用標槍攻擊。

雅典輕裝步兵隊面對騎兵隊的追擊，也採取與面對重裝步兵隊時相同的戰術。幸虧騎兵隊展開了一進一退的攻防戰，重裝步兵隊才得以登上接近海邊的小山坡，展開防禦陣。

當他們在小山上展開陣式後，輕裝步兵隊也無法襲擊他們。然而，他們能在孤立的狀態下堅持多久呢？斯巴達人為了救他們，派出了小船。小船到岸後，山上的士兵們開始拚命逃跑，參加這場戰鬥的雅典步兵們，看到傳說在戰鬥中死而無憾的斯巴達重裝步兵們落荒而逃的模樣，在那天的戰鬥中，斯巴達軍戰死人數高達250人。

那天的戰鬥有幾個問題。首先重裝步兵隊不是第一次輸給用長矛攻擊的輕盾兵。伯羅奔尼撒戰爭初期，在B.C. 452年斯法克蒂里亞島上，斯巴達軍已經遇過用同樣方法進行攻擊的雅典輕裝步兵和弓箭手部隊，此後伯羅奔尼撒戰爭反覆逆轉，戰場不斷擴張，戰術也發生了變化。

勒凱翁戰役時，斯巴達的國王是阿格西萊二世（Agesilaos，B.C. 444～B.C. 360年）。他野心勃勃，夢想征服波斯，並改革非常保守的希臘軍隊，積極接受騎兵戰術，但他對改革輕裝步兵隊並不感興趣。他們應該要事先準備好如何應對輕裝步兵帶來的威脅，但斯巴達指揮官卻只是將騎兵放在隊伍後面，並在沒有他們掩護的情況下，讓重裝步兵隊沿科林斯進行軍事行動。

請仔細感知世界的變化

　　雖然勒凱翁戰役是小規模的偶發性戰鬥，但足以說明為什麼斯巴達人雖然戰鬥力強大且戰士氣質與眾不同，卻無法成為伯羅奔尼撒戰爭的贏家。

　　總括來說，預測未來的失敗導致了失敗。波希戰爭（B.C. 492～B.C. 448年）是一場希臘和波斯對決的國際戰爭，在那之後發生的伯羅奔尼撒戰爭是雅典和斯巴達為爭奪希臘霸權而展開的戰爭。其實就是這句話引發了人們在空間概念上的誤解，伯羅奔尼撒戰爭不僅僅是希臘人的內戰。當時在經濟層面上，希臘和小亞細亞已經交織在一起，波斯也深度參與了這場內戰，所以這場戰爭實際上是第二場波希戰爭，也代表著希臘人已經無法像過去一樣，繼續保持城邦制度。歷史要求希臘有統一的王國，就連這個統一的王國也註定要與愛琴海、小亞細亞地區、波斯帝國展開領土戰爭，但是希臘傳統的重裝步兵隊是在希臘土地上，以城邦之政治單位相互戰鬥為前提，只有市民才能參與的軍隊。

　　城邦之間的戰爭不僅規模小，也不是為了完全征服一方或滅殺另一個城市而打。從某種層面上來看，它只是用來決定某些小利益，加上戰士們幾乎都是市民，因此城邦市民之間也有規則，兵種也以重裝步兵為主，不怎麼用到其他階層參與的標槍兵或輔助兵等兵種。戰鬥方式、對決場所、地形、戰術、武器裝備等，

都是設計給市民階層和城市間決勝負用的，因此戰鬥也沒有發展成利用多種戰術、地形、兵種的複雜型態，也就是說，當時在希臘城邦的特殊體系下，重裝步兵隊是無敵且最強的。但在伯羅奔尼撒戰爭中，戰爭的目的、規模、對手、戰場發生了變化。

想在多樣的地形上調派大規模軍隊，就需要騎兵、輕裝步兵、弓兵等各式各樣的兵種。他們在戰鬥中的能力和重要性也會根據情況而有所不同，像勒凱翁戰役一樣，輕裝步兵有可能擊倒重裝步兵。

在國際局勢發生變化時，需要用到很多的兵種與戰術，也需要過去難以想像的大量兵力。因此應該改變從狹小的市民層調配、以重裝步兵隊為重心的戰術體制，最重要的是要拋棄城邦內部，身為重裝步兵隊的特權和自尊以及對輕裝步兵的蔑視。

然而，斯巴達沒有做到這一點。阿格西萊二世會勉強引進騎兵，僅是因為在波斯平原戰鬥需要騎兵，還有因為騎兵需要花費龐大費用，並且是從與重裝步兵對等的階層中選出的，他們並沒有打算將自己的社會地位轉讓給以下的階層，也不想開放特權的大門，如果在戰鬥中增加各種兵種，那些兵種會以參戰為由，要求擁有與市民層有同等的權利，即參政權等多種特權。

未來會慢慢到來

如果斯巴達軍在伯羅奔尼撒戰爭初期就輸給雅典軍的輕裝步兵隊和弓箭手部隊,就應該在該次失敗中掌握到未來戰術的變化,並做好應對。但是斯巴達軍並沒有做好應對未來的準備,他們也沒有積極預見超越希臘內部戰爭的國際戰爭。。

雅典的伊菲克拉底在戰術上把輕裝步兵隊提升到與重裝步兵隊同等的水準,並積極活用。從這一點來看,伊菲克拉底具有先見之明,跟斯巴達人相比,他的確先看清了即將到來的未來,但是雅典人也不允許這以上的事情,允許雇傭兵或下級身分充當的輕裝步兵直接攻擊高貴的市民步兵隊(重裝步兵隊)已經是最大讓步。其實仔細來看,與其說伊菲克拉底準確預測未來,真相應該是如果只用重裝步兵實在無法戰勝斯巴達,所以不得不做出讓步。

最終,能正確認知到所有的變化,接納各式各樣的兵種,消除兵種之間的身分框架,創造出兵種之間緊密合作戰術的國家是希臘之外的馬其頓腓力二世(Philippos II,B.C. 382～B.C. 336年)。他的兒子亞歷山大大帝能征服波斯,也正是這些變革帶來的結果。

未來不會一瞬間就來臨。未來社會的變化也不會像刀切一樣,俐落分出時間和空間。變革就像水滲入千層一樣,逐漸而

來，因此，在戰術意義上，對未來的預測並不是一瞬間放棄過去換上新武器之類的事情，變革的元素已經存在或應用於我們當下。因此，我們必須從當下的失敗中學習並捕捉未來的變革，積極應對，只要能從失敗中學習，失敗將不會停留在失敗中，而會成為未來成功的養分。

從失敗中學習
——投資者應該避免的失誤

我從20歲開始投資股票和房地產，35歲實現經濟自由。因為投資早，所以比別人嚐過更多失敗，對於投資失敗而言，準備未來的能力是關鍵，瞭解失敗中的變化趨勢是基本原則。由於購買股票失誤，曾經歷七年的心煩意亂，我曾過度信任CEO，卻受到背後一記重擊，也預期企業的未來看似一片美好，卻親身經歷企業的瓦解。當然，正是這些失敗經驗奠定我現在的經濟自由。透過閱讀這本書，我希望與投資者分享那些我希望他們不要犯的錯誤。

拋開固執

我認為投資者犯錯誤的最大原因是固執。股價會因多個因素上漲，但最終，最好的情況是有更多人想要購買這檔股票。

即使該企業有魅力，但如果人們不知道或不關心，它的股價也不會上漲。然而，部分投資者認為自己喜歡A這個企業，所以那個企業的股價應該再上漲，甚至花費金錢和時間努力研究A。這裡有個問題，因為下了功夫，所以更喜歡A，所以忽視

了其他投資者對A公司的反應。

　　如果A的未來變得不透明，應該要能快速地脫手。或者如果有比A更好的企業，就應該投資新企業。但是如果因為可惜自己這段時間付出的努力，沉迷於A而不願意賣出的話，以後可能會損失更多。身為一個投資者，在需要冷靜判斷的時候，要能放下固執。

先發制人地投資吧

　　其次，許多投資者犯了一個錯誤，那就是無法快速適應變化，而是等待使之變成明確的投資機會，懂得「聞錢味」的投資者，能迅速讀懂變化，搶先別人一步進行投資。因此，他們可以在股價並不怎麼上漲時買進股票，相反地，一些人則遲緩地感知變化，當看到別人都投資並獲利後，認為安全才開始進行投資。準確把握趨勢並進行投資是重要的，但當投資成功變得確定時，預期收益就會急劇下降，比他人更早並堅定地進行投資是很重要的，不能因為他人對自己的信心而犯錯。

　　不只透過經濟新聞，從其他地方也可以確認投資趨勢。可以看科學新聞投資跟氣候有關的股票，也可以詳讀報紙的國際版，然後從中投資與此相關的企業，只有瞭解世界上的各種消

息，迅速掌握變化，並用靈活的思考將其與投資相連結，才能成功投資。

投資沒有公式。有時用A方法可以賺錢，有時候卻行不通。即使A、B、C三種變數相同，但當D變數與過去不同，也可能會出現相反的結果，投資就是這麼一個變化無常的過程，讀懂變化的趨勢至關重要。因此，千萬不要被「這樣做就賺錢」或「那樣做就賺錢」的言論所迷惑，培養自己思考的能力是最重要的。

我們稱思考抉擇、勇敢付諸行動的過程為經驗。隨著經驗的積累，我們才能走上正確的投資之路，希望閱讀這本書的投資者能夠意識到處理貪婪和恐懼的重要性，並且能夠盡量減少未來投資過程中可能出現的錯誤，從而走上成功的投資之路。

我的投資筆記

實用知識 94

股市生存法則
從世界戰爭史中學習 20 種生存投資策略
주식 생존의 법칙 : 세계 전쟁사에서 배우는 20 가지 생존 투자전략

作　　者：林容漢（임용한）、全寅求（전인구）
譯　　者：張雅婷
責任編輯：王彥萍
校　　對：王彥萍、唐維信
封面設計：FE 設計
版型設計：廖健豪
排　　版：廖健豪
寶鼎行銷顧問：劉邦寧

發 行 人：洪祺祥
副總經理：洪偉傑
副總編輯：王彥萍
法律顧問：建大法律事務所
財務顧問：高威會計師事務所
出　　版：日月文化出版股份有限公司
製　　作：寶鼎出版
地　　址：台北市信義路三段 151 號 8 樓
電　　話：（02）2708-5509　傳真：（02）2708-6157
客服信箱：service@heliopolis.com.tw
網　　址：www.heliopolis.com.tw
郵撥帳號：19716071 日月文化出版股份有限公司

總 經 銷：聯合發行股份有限公司
電　　話：（02）2917-8022　傳真：（02）2915-7212
印　　刷：軒承彩色印刷製版股份有限公司
初　　版：2024 年 12 月
定　　價：380 元
I S B N：978-626-7516-67-6

주식 생존의 법칙（The Law of Survival in Stocks）
Copyright © 2022 by 임용한（Lim Yong Han, 林容漢）, 전인구（JUN IN GU, 全寅求）
All rights reserved.
Complex Chinese Copyright © 2024 by HELIOPOLIS CULTURE GROUP CO., LTD.
Complex Chinese translation Copyright is arranged with THINKINGGARDEN
through Eric Yang Agency

國家圖書館出版品預行編目資料

股市生存法則：從世界戰爭史中學習 20 種生存投資策略／林容
漢（임용한）、全寅求（전인구）著；張雅婷譯 - 初版 . --
臺北市：日月文化出版股份有限公司，2024.12
288 面；14.7 × 21 公分 . --（實用知識；94）
譯自：주식 생존의 법칙：세계 전쟁사에서 배우는 20 가지 생
존 투자전략
ISBN 978-626-7516-67-6（平裝）

1. CST：股票投資　2 .CST：戰史

563.53　　　　　　　　　　　　　　　113015564

日月文化集團
HELIOPOLIS
CULTURE GROUP

感謝您購買 **股市生存法則**——從世界戰爭史中學習20種生存投資策略

為提供完整服務與快速資訊，請詳細填寫以下資料，傳真至02-2708-6157或免貼郵票寄回，我們將不定期提供您最新資訊及最新優惠。

1. 姓名：＿＿＿＿＿＿＿＿＿＿＿＿＿　性別：□男　　□女

2. 生日：＿＿＿＿年＿＿＿＿月＿＿＿＿日　職業：＿＿＿＿＿

3. 電話：（請務必填寫一種聯絡方式）

　（日）＿＿＿＿＿＿＿＿＿（夜）＿＿＿＿＿＿＿＿（手機）＿＿＿＿＿＿

4. 地址：□□□＿＿＿＿＿＿＿＿＿＿＿＿＿＿＿＿＿＿＿＿＿＿＿

5. 電子信箱：＿＿＿＿＿＿＿＿＿＿＿＿＿＿＿＿＿＿＿＿＿＿＿＿

6. 您從何處購買此書？□＿＿＿＿＿＿縣/市＿＿＿＿＿＿書店/量販超商

　□＿＿＿＿＿＿＿網路書店　□書展　□郵購　□其他

7. 您何時購買此書？　年　　月　　日

8. 您購買此書的原因：（可複選）

　□對書的主題有興趣　□作者　□出版社　□工作所需　□生活所需

　□資訊豐富　　□價格合理（若不合理，您覺得合理價格應為＿＿＿＿＿）

　□封面/版面編排　□其他＿＿＿＿＿＿＿＿＿＿＿＿＿＿＿＿＿

9. 您從何處得知這本書的消息：　□書店　□網路／電子報　□量販超商　□報紙

　□雜誌　□廣播　□電視　□他人推薦　□其他

10. 您對本書的評價：（1.非常滿意 2.滿意 3.普通 4.不滿意 5.非常不滿意）

　書名＿＿＿＿　內容＿＿＿＿　封面設計＿＿＿＿　版面編排＿＿＿＿　文/譯筆＿＿＿＿

11. 您通常以何種方式購書？□書店　□網路　□傳真訂購　□郵政劃撥　□其他

12. 您最喜歡在何處買書？

　□＿＿＿＿＿＿＿縣/市＿＿＿＿＿＿書店/量販超商　□網路書店

13. 您希望我們未來出版何種主題的書？＿＿＿＿＿＿＿＿＿＿＿＿＿＿＿

14. 您認為本書還須改進的地方？提供我們的建議？

＿＿＿＿＿＿＿＿＿＿＿＿＿＿＿＿＿＿＿＿＿＿＿＿＿＿＿＿＿＿

＿＿＿＿＿＿＿＿＿＿＿＿＿＿＿＿＿＿＿＿＿＿＿＿＿＿＿＿＿＿

＿＿＿＿＿＿＿＿＿＿＿＿＿＿＿＿＿＿＿＿＿＿＿＿＿＿＿＿＿＿

實　用

知　識

寶鼎出版

實　用

知　識